Birgit Gerber

Drache Stachel im Honigkuchenland

Eine Geschichte für Leseanfänger
in zwei Schwierigkeitsstufen

Mit differenzierten Arbeitsblättern

Auer Verlag GmbH

Gedruckt auf umweltbewusst gefertigtem, chlorfrei gebleichtem
und alterungsbeständigem Papier.

1. Auflage 2008
Nach den seit 2006 amtlich gültigen Regelungen der Rechtschreibung

Illustrationen: Julia Flasche, Berlin
Satz: YellowHand GbR, Köngen
Druck und Bindung: R.N. Aubele Druck, Bobingen
ISBN 978-3-403-0**6122**-9
www.auer-verlag.de

Inhaltsverzeichnis

Vorwort

Literatur für Kinder im Erstlesealter zu finden, die einfach, jedoch gleichzeitig ansprechend und spannend ist, gestaltete sich für mich als Deutschlehrerin eines 1. Schuljahres äußerst schwierig. Entweder waren die Texte zu anspruchsvoll oder ihr Inhalt für die Altersgruppe nicht interessant.
Zur Einführung der Buchstabenkombination „Ch/ch“ erfand ich daher den Dra**ch**en Sta**ch**el. Eigentlich war hierzu nur ein einziger Text geplant. Die Figur des Dra**ch**en Sta**ch**el, der gern Ku**ch**en aß, kam bei den Kindern meiner 1. Klasse aber so gut an, dass sie wissen wollten, wie sein Abenteuer weitergeht. So entstand die Geschichte von *Drache Stachel im Honigkuchenland,* die nach den ersten drei Kapiteln inhaltlich stark von den Ideen und Fantasien meiner Schülerinnen und Schüler geprägt wurde.

Es entstand eine Handlung, die für Kinder dieser Altersstufe ansprechend und interessant ist. Diese Voraussetzung schafft die beste Grundlage für Kinder, sich mit ihrem Lesestoff sinnentnehmend auseinanderzusetzen und damit ihre Lesekompetenz zu steigern.

Die Lesetexte wurden in zwei Schwierigkeitsstufen (A und B) verfasst, die sich nicht im Inhalt, sondern lediglich in Textlänge und Wortwahl voneinander unterscheiden. Auch bei den Arbeitsblättern habe ich auf eine Differenzierung geachtet. Sie sind unabhängig vom Schwierigkeitsgrad des gewählten Lesetextes zu verwenden. Jedes Arbeitsblatt enthält eine Abfrage zum Verständnis des Gelesenen. Im zweiten Teil werden die Kinder dazu angeregt, sich mit dem Inhalt zu beschäftigen, Ereignisse zu hinterfragen oder weiterzuentwickeln. Die Methodik der Arbeitsblätter wurde in mehreren Klassen der 1. und 2. Jahrgangsstufe erprobt und ist einfach anzuwenden, da sie sich in diesem Werk durchgängig wiederholt. Für den Einsatz im Unterricht benötigt jedes Kind einen Ordner, den **„Stachel-Ordner“**. Hier werden alle Geschichten und Arbeitsblätter eingeheftet. Jedes Kind hat somit am Ende der Unterrichtseinheit sein eigenes „Stachelbuch“.

Drache Stachel im Honigkuchenland kann als geschlossene Unterrichtseinheit im Sinne einer Lektürenarbeit behandelt werden. Meine Erfahrungen haben mir jedoch gezeigt, dass eine Stunde in der Woche – „die Stachelstunde“– ein besonderes Highlight im Schulalltag für die Kinder darstellt und ihre Lesemotivation erheblich steigert.

Viel Spaß mit dem kleinen Drachen Stachel wünscht Ihnen und Ihren Schülerinnen und Schülern

Birgit Gerber

1. Der Drache Stachel

A

Es war einmal eine alte Dame. Sie lebte in einer kleinen Stadt, wie das viele alte Damen tun. Trotzdem war an dieser Dame etwas Besonderes: Sie hatte einen lila Drache.
Sein Name war Stachel. Er war ein lieber Drache und tat niemandem etwas zuleide. Am liebsten saß er vor dem warmen Kamin und aß Kuchen: Schokoladenkuchen, Himbeerkuchen, Marzipankuchen oder Nusskuchen.
Deshalb stand die alte Dame den ganzen Tag in der Küche, um für den Drachen zu backen.
„Ich habe keine Lust mehr, Kuchen zu backen!“, dachte sie.
Weil sie ihren Drachen aber sehr liebte und er so gern Kuchen aß, schrieb sie in die Zeitung:

Suche einen Koch für meinen Drache Stachel.

Wer kann Kuchen backen und hat keine Angst vor Drachen?

Bitte melden bei der alten Dame in der Teichgasse.

1. Der Drache Stachel

B

Es war einmal eine alte Dame. Sie hatte einen lila Drache.
Sein Name war Stachel. Stachel mochte gern Kuchen.
Deshalb stand die alte Dame den ganzen Tag in der Küche,
um für den Drachen zu backen.
„Ich habe keine Lust mehr, Kuchen zu backen!“, dachte die alte Dame.
Weil Stachel aber Kuchen so mochte, schrieb sie in die Zeitung:

Suche einen Koch für meinen Drache Stachel.

Wer kann Kuchen backen und hat keine Angst vor Drachen?

Bitte melden bei der alten Dame in der Teichgasse.

Name: **1 A**

1. Puzzle
   a) Schneide die unteren Puzzleteile aus.
   b) Lies dir die erste Frage gut durch.
   c) Jede Antwort hat eine Zahl. Lege das Puzzleteil mit der gleichen Zahl auf die richtige Antwort. Wenn du alles richtig gemacht hast, kannst du zum Schluss ein Bild sehen.

Wie hieß der Drache? ▸ Stachel (1) ▸ Rachel (3)	**Er wohnte bei** ▸ einem alten Herrn (2). ▸ einer alten Dame (3).	**Was mochte der Drache?** ▸ Apfelmus (5) ▸ Kuchen (2)
Wie lange stand die alte Dame in der Küche? ▸ den ganzen Abend (1) ▸ den ganzen Tag (5)	**Wo wohnte die alte Dame?** ▸ in der Teichgasse (6) ▸ in der Teichstrasse (4)	**Wen suchte die alte Dame?** ▸ einen Koch (4) ▸ einen Tierarzt (6)

✂- -

2. Gestalte ein Deckblatt für deinen Stachel-Ordner. Schreibe auf den unteren Teil des Blattes: *„Dies ist der Stachel-Ordner von“* und deinen Namen.

☞ *Klebe dein Deckblatt vorn auf deinen Stachel-Ordner. Hefte das Arbeitsblatt in deinen Stachel-Ordner.*

Name: **1 B**

1. Kannst du die Fragen zur Geschichte beantworten?
   Kreuze die richtige Antwort an.

Stachel war

- ☐ grün.
- ☐ lila.
- ☐ blau.

Er lebte bei

- ☐ einer alten Dame.
- ☐ einer alten Frau.
- ☐ einem alten Herrn.

Stachel aß

- ☐ gern Brot.
- ☐ gern Kuchen.
- ☐ gern Wurst

Wie lange stand die alte Dame in der Küche?

- ☐ die ganze Zeit
- ☐ den ganzen Tag
- ☐ die ganze Nacht

Die alte Dame suchte

- ☐ einen Koch.
- ☐ einen Lehrer.
- ☐ einen Doktor.

Sie wohnte in

- ☐ der Teichgasse.
- ☐ der Teichstrasse.
- ☐ der Weichstrasse.

2. Gestalte ein Deckblatt für deinen Stachel-Ordner.
   Schreibe auf den unteren Teil des Blattes:
   „Dies ist der Stachel-Ordner von“ und deinen Namen.

☞ *Klebe dein Deckblatt vorn auf deinen Stachel-Ordner.*
Hefte das Arbeitsblatt in deinen Stachel-Ordner.

2. Ein Koch für Stachel

A

Am nächsten Morgen schaute der Drache aus dem Fenster.
Vor dem Haus der alten Dame stand eine lange Schlange von Köchen.
Sie schubsten und schimpften. Jeder wollte der Erste sein.
Die alte Dame öffnete die Tür. Einer nach dem anderen kam ins Haus.
Sie setzten sich auf das Sofa und auf den Sessel, auf den Tisch,
auf die Fensterbank und auf den Boden. Jeder hatte dem Drachen
etwas mitgebracht: Schinken, Braten, Schnitzel und Schaschlik.
Der Drache Stachel kam herein und schnupperte
an den Schachteln der Köche.

„Igitt!", rief er. „Wo ist mein Kuchen?"
„Mein junger Herr Drache", rief ein dicker Koch. „Wir sind Köche
und keine Bäcker!"
„Ich esse aber nur Kuchen!", sagte Stachel.
„Dann sind wir falsch hier!", schimpften die Köche und liefen aus dem Haus.
„Wie dumm!", sagte die alte Dame. „Da habe ich mich verschrieben!"
Stachel aber setzte sich auf das Sofa und weinte dicke Drachentränen.
Er hatte sich so auf einen leckeren Kuchen gefreut.

2. Ein Koch für Stachel

B

Am nächsten Morgen schaute der Drache aus dem Fenster.
Vor dem Haus der alten Dame standen viele Köche.
Die alte Dame öffnete die Tür.
Die Köche setzten sich zu Stachel. Jeder hatte dem Drachen etwas mitgebracht: Schinken, Braten und Schnitzel.
Der Drache Stachel schnupperte an den Schachteln der Köche.

„Igitt!“, rief er. „Ich esse doch nur Kuchen!“
„Dann sind wir falsch hier!“, schimpften die Köche und liefen aus dem Haus.
„Wie dumm!“, sagte die alte Dame. „Da habe ich mich verschrieben!“
Stachel aber setzte sich auf das Sofa und weinte dicke Drachentränen.
Er hatte sich so auf einen leckeren Kuchen gefreut.

Name: **2 A**

1. Kannst du die Fragen zur Geschichte beantworten?
   Löse das Kreuzworträtsel.

waagerecht:

1. Vor der Tür stand eine lange Schlange von ____________________.
3. Wer öffnete den Köchen die Tür? die alte ____________________
5. Woran schnupperte Stachel?
8. Was taten die Köche noch, als sie das Haus verließen?
   Sie ____________________.
9. Die alte Dame sagte: „Wie dumm!
   Da habe ich mich ____________________!“

senkrecht:

2. Was für ein Tier ist Stachel?
4. Jeder Koch wollte der ____________________ sein!
6. Was weinte Stachel?
7. Was aß Stachel am liebsten?
10. Wo saß Stachel, als er weinte?

2. Stachel war traurig. Er hatte sich so auf einen leckeren Kuchen gefreut.

- Suche dir einen Partner und entscheide mit ihm, wer Stachel und wer die alte Dame spielen möchte.
- Schreibt auf, was ihr als Stachel oder alte Dame sagen könntet, und was passieren wird.

☞ *Spielt es euren Klassenkameraden vor.*
Heftet eure Arbeitsblätter in eure Stachel-Ordner.

Name: **2 A**

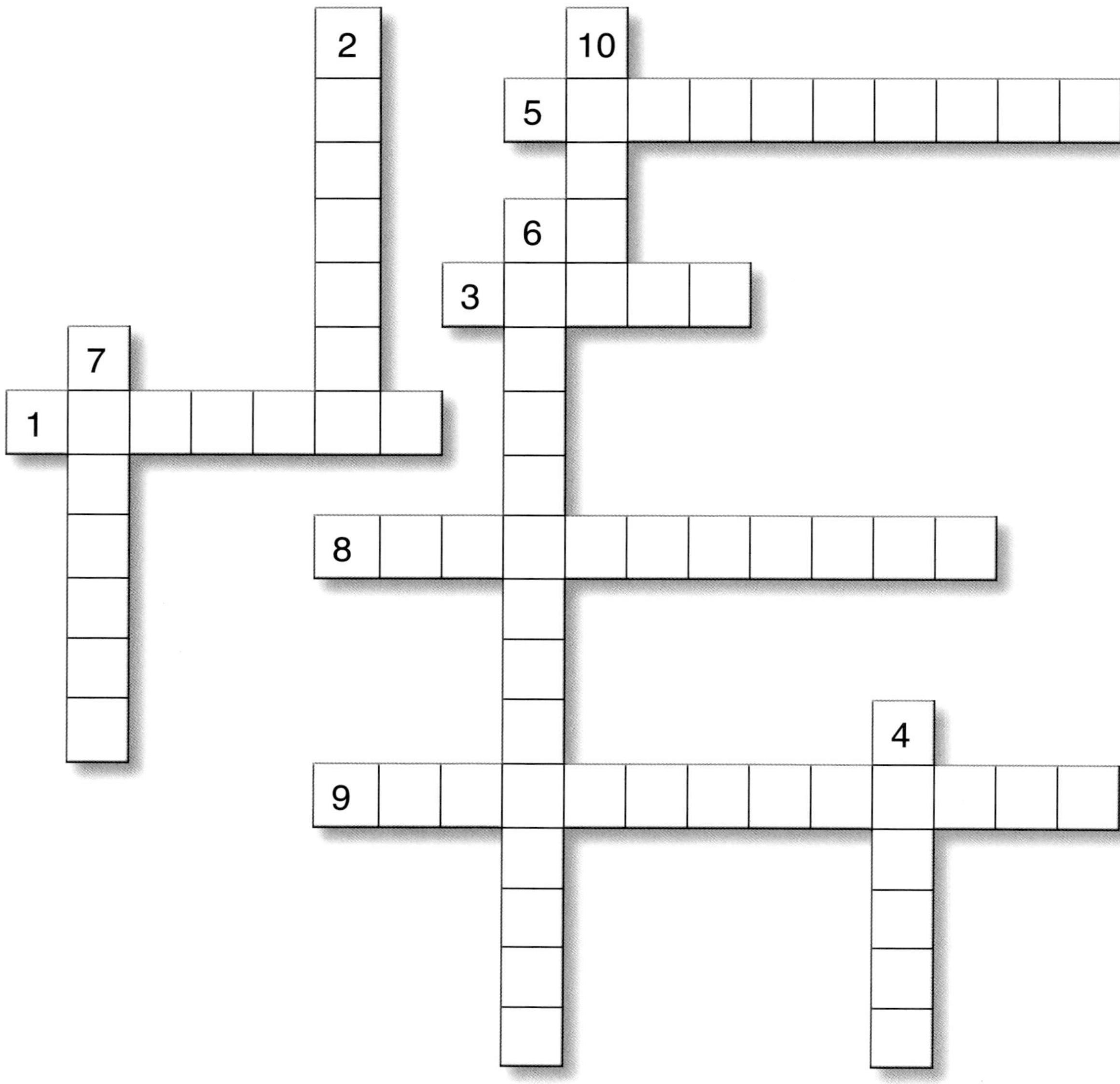

Diese Wörter werden gesucht:

DRACHE, DAME, KÖCHEN, VERSCHRIEBEN, ERSTE, DRACHENTRÄNEN, KUCHEN, SCHIMPFTEN, SOFA, SCHACHTELN

(Umlaute bleiben Umlaute!)

Name: **2 B**

1. Setze die fehlenden Wörter ein.

Am nächsten Morgen schaute der _______________ aus dem Fenster.

Es standen ____________ Köche vor dem Haus.

Die alte ______________ öffnete die Tür.

Die_________________ setzten sich zu Stachel. Jeder hatte

dem Drachen etwas mitgebracht: _________________, Schnitzel und

Braten. Der Drache Stachel schnupperte an den Schachteln der Köche.

„Igitt!", rief er. „Ich esse doch nur _________________!"

Da liefen die Köche aus dem _______________.

„Wie dumm!", sagte die alte Dame. „Da habe ich mich verschrieben!"

Stachel setzte sich auf das ______________ und

weinte dicke ______________________________.

Er hatte sich so auf einen leckeren Kuchen gefreut.

Dame, Drachentränen, Kuchen, Drache, Haus, viele, Schinken, Sofa, Köche

2. Stachel war traurig. Er hatte sich so auf einen leckeren Kuchen gefreut.

- Suche dir einen Partner und entscheide mit ihm, wer Stachel und wer die alte Dame spielen möchte.
- Überlegt euch, was ihr als Stachel oder als alte Dame sagen könntet und was passieren wird.

☞ *Spielt es euren Klassenkameraden vor.*
Heftet eure Arbeitsblätter in eure Stachel-Ordner.

3. Der Gernebackzwerg Gustaf

A

Der Drache weinte immer noch dicke Tränen, da klopfte es an der Tür.
Die alte Dame öffnete, konnte aber niemanden sehen.
„Hallo!“, rief eine Stimme. „Ich bin hier unten!“
Sie sah einen ganz kleinen Mann mit einer roten Mütze.
„Ich bin der Gernebackzwerg Gustaf und backe die besten Kuchen!“, rief er.
Die alte Dame hob ihn hoch. Er war so klein, dass er gerade gut in ihrer Hand sitzen konnte. So trug sie ihn zu Stachel.
„Hier kommt dein neuer Bäcker!“, sagte sie.
Vorsichtig hielt sie ihn vor Stachels Nase.
„Mmh!“, grunzte der Drache. „Du riechst gut! Nach Pudding und Mandeln.“
„Genau!“, rief Gustaf. „Ich bin ja auch ein Gernebackzwerg!“
„Wer bist du?“, fragte Stachel und machte große Augen.
„Ein Gernebackzwerg und ich kann die besten Kuchen auf der Welt backen!“
„Das kann schon sein“, sagte die alte Dame. „Aber deine Kuchen werden zu klein sein für so einen großen Drachen wie Stachel.“
„Ganz großer Gummibärenunsinn! Nur weil ich klein bin, muss ich keine kleinen Kuchen backen!“, schimpfte er.
Gustaf hüpfte auf den Tisch, tanzte und begann zu singen:

„Ich bin klein, doch back ich gern,
Kuchen mit dem Mandelkern,
Kuchen mit Rosinen blau,
denn ich bin schlau, denn ich bin schlau.
Ich bin klein, doch back ich Torten,
merkt es euch: in allen Sorten.
Die schönsten und die feinsten:
vom Allerkleinsten, vom Allerkleinsten.
Ans Werk! Ans Werk! Ans Werk! –
Ich bin der Gernebackzwerg!“

Birgit Gerber: Drache Stachel im Honigkuchenland

3. Der Gernebackzwerg Gustaf

B

Der Drache Stachel weinte immer noch dicke Tränen, da klopfte es an der Tür. Die alte Dame öffnete.

„Ich bin der Gernebackzwerg Gustaf und backe die besten Kuchen!", rief ein kleiner Mann mit einer roten Mütze.

Die alte Dame trug ihn zu Stachel.

„Hallo, ich bin ein Gernebackzwerg. Ich backe dir die besten Kuchen auf der Welt!", sagte Gustaf. Stachel staunte.

„Kannst du denn Kuchen für so große Drachen backen?", fragte die alte Dame.

„Nur weil ich klein bin, muss ich keine kleinen Kuchen backen!", schimpfte Gustaf.

Er hüpfte auf den Tisch, tanzte und begann zu singen:

„Ich bin klein, doch back ich gern,
Kuchen mit dem Mandelkern,
Kuchen mit Rosinen blau,
denn ich bin schlau, denn ich bin schlau.
Ich bin klein, doch back ich Torten,
merkt es euch: in allen Sorten.
Die schönsten und die feinsten:
vom Allerkleinsten, vom Allerkleinsten.
Ans Werk! Ans Werk! Ans Werk! –
Ich bin der Gernebackzwerg!"

Name: **3 A**

1. Kannst du die Fragen zur Geschichte beantworten?

   Kreuze die richtige Antwort an.

Was weinte Stachel?

- ☐ viele Tränen
- ☐ dünne Tränen
- ☐ dicke Tränen

Der Gernebackzwerg hieß

- ☐ Gandalf.
- ☐ Gustuf.
- ☐ Gustaf.

Der Zwerg hatte

- ☐ eine blaue Mütze.
- ☐ eine rote Mütze.
- ☐ eine lila Mütze.

Gustaf konnte

- ☐ Brot backen.
- ☐ Kuchen backen.
- ☐ gar nicht backen.

Gustaf hüpfte auf den Tisch,

- ☐ tanzte und sang.
- ☐ lachte und sang.
- ☐ weinte und trank.

Gustaf war so klein, dass er gerade gut

- ☐ in der Hand der alten Dame sitzen konnte.
- ☐ in der Küche der alten Dame sitzen konnte.
- ☐ in dem Sessel der alten Dame sitzen konnte.

Gustaf roch nach

- ☐ Äpfeln und Nüssen.
- ☐ Seife und Parfüm.
- ☐ Pudding und Mandeln.

2. Nachdem Gustaf sein Lied beendet hatte, waren Stachel und die alte Dame sehr erstaunt. Kannst du dir vorstellen warum?

☞ *Schreibe es auf ein Blatt und hefte es mit deinem Arbeitsblatt in deinen Stachel-Ordner.*

3. Überlege dir eine Melodie zu Gustafs Lied. Wenn du möchtest, kannst du sie deinen Mitschülern vorsingen.

Name: **3 B**

1. Kannst du die Fragen zur Geschichte beantworten?
   Kreuze die richtige Antwort an.

Was weinte Stachel?

☐ viele Tränen

☐ dünne Tränen

☐ dicke Tränen

Der Gernebackzwerg hieß

☐ Gandalf.

☐ Gustuf.

☐ Gustaf.

Der Zwerg hatte

☐ eine blaue Mütze.

☐ eine rote Mütze.

☐ eine lila Mütze.

Gustaf konnte

☐ Brot backen.

☐ Kuchen backen.

☐ gar nicht backen.

Gustaf hüpfte auf den Tisch,

☐ tanzte und sang.

☐ lachte und sang.

☐ weinte und trank.

2. Nachdem Gustaf sein Lied beendet hatte, waren Stachel und die alte Dame sehr erstaunt. Kannst du dir vorstellen warum? Male und schreibe es auf.
3. Überlege dir eine Melodie zu Gustafs Lied.
   Wenn du möchtest, kannst du sie deinen Mitschülern vorsingen.

☞ *Hefte beide Blätter in deinen Stachel-Ordner.*

4. Das Honigkuchenland

Als Gustaf sein Lied beendet hatte, staunten die alte Dame und Stachel. Im ganzen Zimmer waren Kuchen verteilt.
„Wie hast du das gemacht?“, fragte Stachel. „Das ist ja ein Wunder!“
Der Gernebackzwerg lachte: „Ach, im Honigkuchenland kann das jedes Zwergenkind!“
„Wo?“, rief die alte Dame erstaunt.
„Im Honigkuchenland. Da komme ich nämlich her“, sagte Gustaf.
„Gibt es dort viele Kuchen?“, fragte Stachel.
„Nein, aber es gibt Flüsse aus Pudding, Häuser mit Dächern aus Mandeln, Bäume aus Zuckerwatte ...“
„Da will ich hin, Gustaf! Das muss ich sehen!“, rief Stachel und sprang von einem Bein auf das andere. „Meine liebe alte Dame, du hast doch sicher nichts dagegen?“
„Aber nein, lieber Stachel. Ich bin einverstanden!“, antwortete sie.
Stachel strahlte und sah Gustaf fragend an: „Bitte, Gustaf! Bitte!“
Gustaf grinste. „Na gut, los geht's!“, sagte er. Dann sang er:

„Pimpel, Pampel, Pumpel, Poß!
Für unser Land bist du zu groß!
Pimpel, Pampel, Pumpel, Pein!
Also wirst du nun ganz klein!“

Und ehe der Drache etwas sagen konnte, war er so klein wie Gustaf.
„Komm, du Pipidrache! Nun gehen wir ins Honigkuchenland!“

4. Das Honigkuchenland

Gustaf hatte sein Lied beendet. Die alte Dame und Stachel staunten. Im ganzen Zimmer waren Kuchen verteilt.
„Das ist ja ein Wunder!“, rief Stachel.
Der Gernebackzwerg lachte: „Ach, im Honigkuchenland kann das jedes Zwergenkind! Da komme ich nämlich her.“
„Gibt es dort viele Kuchen?“, fragte Stachel.
„Nein, aber es gibt Flüsse aus Pudding, Häuser mit Dächern aus Mandeln, Bäume aus Zuckerwatte ...“
„Da will ich hin, Gustaf! Das muss ich sehen!“, rief Stachel.
Er fragte die alte Dame: „Darf ich mitgehen?“
Da sie es erlaubte, bettelte er: „Bitte, Gustaf! Bitte!“
Gustaf grinste. Dann sang er:

„Pimpel, Pampel, Pumpel, Poß!
Für unser Land bist du zu groß!
Pimpel, Pampel, Pumpel, Pein!
Also wirst du nun ganz klein!“

Und ehe der Drache etwas sagen konnte, war er so klein wie Gustaf.
„Komm, du Pipidrache! Nun gehen wir ins Honigkuchenland!“

Name: **4 A**

1. Findest du die Lösungswörter?

Woher kam Gustaf? Er kam aus dem

							6		2					1

.

Woraus waren in Gustafs Land die Dächer der Häuser?

Sie waren aus

			4			

.

Was war in Gustafs Land aus Zuckerwatte?

Aus Zuckerwatte waren die

9				10

.

Wer konnte in Gustafs Land Kuchen backen? In Gustafs Land konnte jedes

			3				7	5		

Kuchen backen.

Was geschah nach Gustafs Zauberspruch mit Stachel?

Stachel wurde so

		8		

wie Gustaf.

Weißt du noch, welche Farbe Gustafs Mütze hatte?

11		12

Lösungswörter:

1	2	3

4	5	6	7	8

9	10	11	12

Der Name des nächsten Kapitels

2. Schaue dir Gustafs Gedicht an. Seine Reime sind einfach.
   Schreibe einen weiteren Zauberspruch mit neuen Reimen.
3. Male ein Bild vom Honigkuchenland auf ein Zeichenblockblatt.

☞ *Hefte alle Blätter in deinen Stachel-Ordner!*

Name: **4 B**

1. Kreise den Buchstaben neben deiner gewählten Aufgabe ein.
   Schreibe die Buchstaben nacheinander auf.
   Findest du das Lösungswort?

1. Woher kam Gustaf?

- ☐ aus dem Honigkuchenland ☞ T
- ☐ aus dem Zuckerkuchenland ☞ B
- ☐ aus dem Rosinenland ☞ D

2. Was war in Gustafs Land aus Zuckerwatte?

- ☐ die Flüsse ☞ A
- ☐ die Dächer ☞ E
- ☐ die Bäume ☞ O

3. Wie begann Gustafs Zauberspruch?

- ☐ Mimpel, Mampel, Mumpel ☞ B
- ☐ Gimpel, Gampel, Gumpel ☞ D
- ☐ Pimpel, Pampel, Pumpel ☞ L

4. Was geschah nach Gustafs Zauberspruch? Stachel wurde so

- ☐ dick wie Gustaf. ☞ M
- ☐ klein wie Gustaf. ☞ L
- ☐ groß wie Gustaf. ☞ P

Lösungswort: ______________________________

2. Schaue dir Gustafs Gedicht an. Seine Reime sind einfach:
   Poß reimt sich auf *groß, pein* auf *klein!*
   Schreibe neue Reime.
3. Male ein Bild vom Honigkuchenland auf ein Zeichenblockblatt.

☞ *Hefte alle Blätter in deinen Stachel-Ordner.*

5. Der dicke Bert

A

Stachel gab der alten Dame einen dicken Drachenkuss.
Dann stellte er sich neben Gustaf und sagte: „Nun bin ich soweit!“
Sie brauchten nicht lange zum Honigkuchenland. Gustaf klatschte zweimal in die Hände. Dann drehten sich beide ganz schnell im Kreis.
Mit einem lauten Knall landeten sie im Honigkuchenland.
Stachel war noch etwas erschrocken. „Sind wir schon da?“, fragte er.
„Natürlich! Schau dich um!“, lachte der Gernebackzwerg.
Doch bevor Stachel das konnte, bewegte sich etwas unter ihm.
Dann hörte er ein Brummen und Schimpfen: „Bestimmt besonders blöde Burschen! Bauen bei Bert! Bewegen!“ Unter Stachels Popo hob sich plötzlich die Erde. Heraus kam ein ziemlich schmutziges und dickes Kerlchen. Es rief: „Bin Bert! – Bewegen! Bewegen!“
„Das ist Bert“, erklärte Gustaf. „Am liebsten buddelt er den ganzen Tag im Garten herum. Du musst auf ihn gefallen sein.“
„Oh, das tut mir leid!“, sagte Stachel. „Entschuldigen Sie, Herr Bert!“
Als der dicke Bert seinen Namen hörte, drehte er den Kopf hin und her.
„Er versteht nur Wörter, die mit dem Buchstaben B anfangen.
Deswegen redet er auch so komisch!“, erklärte Gustaf.
„Ach so!“, sagte Stachel. „Nur weiß ich nicht, was ich ihm da sagen könnte?“
„Na, Sätze, die nur Wörter mit B/b haben. Versuch es doch mal!“

5. Der dicke Bert

B

Stachel gab der alten Dame einen dicken Drachenkuss.
Dann sagte er: „Nun bin ich soweit!“
Gustaf klatschte zweimal in die Hände.
Dann drehten sich beide ganz schnell im Kreis.
Mit einem lauten Knall landeten sie im Honigkuchenland.
Stachel war noch etwas erschrocken.
Da bewegte sich etwas unter ihm. Er hörte ein Brummen und Schimpfen:
„Bestimmt besonders blöde Burschen! Bauen bei Bert! Bewegen!“
Unter Stachels Popo hob sich plötzlich die Erde. Stachel sah
ein schmutziges und dickes Kerlchen. Es rief: „Bin Bert! – Bewegen! Bewegen!“
„Das ist Bert“, erklärte Gustaf. „Er buddelt den ganzen Tag im Garten.
Du musst auf ihn gefallen sein.“
„Oh, das tut mir leid, Herr Bert!“, sagte Stachel.
Bert drehte den Kopf hin und her.
„Er versteht nur Wörter, die mit dem Buchstaben B anfangen“, sagte Gustaf.
„Ach so!“, sagte Stachel. „Was soll ich ihm da sagen?“
„Na, Sätze, die nur Wörter mit B/b haben. Versuch es doch mal!“

Name: **5 A**

1. Kannst du die Fragen zur Geschichte beantworten?
   Kreuze die richtige Antwort an.

Wie hieß der Zwerg?

- ☐ Gandalf
- ☐ Gustuf
- ☐ Gustaf

Stachel verabschiedete sich bei der alten Dame mit

- ☐ einem Drückerchen.
- ☐ einem Drachengruß.
- ☐ einem Drachenkuss.

Wie landeten Gustaf und Stachel im Honigkuchenland?

- ☐ mit einem lauten Knall
- ☐ auf einem roten Ball
- ☐ mit einem leichten Fall

Im Honigkuchenland trafen sie

- ☐ die dicke Berta.
- ☐ Ernie und Bert.
- ☐ den dicken Bert.

Bert sprach nur Wörter mit

- ☐ A/a.
- ☐ B/b.
- ☐ D/d.

Bert

- ☐ kletterte gern auf Bäume.
- ☐ buddelte den ganzen Tag im Garten herum.
- ☐ lag den ganzen Tag in der Sonne.

2. Stachel wusste nicht, was er zum dicken Bert sagen sollte.
   Kannst du ihm helfen? Finde Sätze, deren Wörter alle mit B/b anfangen.

☞ *Schreibe die Sätze auf ein Blatt und hefte es mit deinem Arbeitsblatt in deinen Stachel-Ordner.*

Name: **5 B**

1. Kannst du die Fragen zur Geschichte beantworten?
   Kreuze die richtige Antwort an.

Stachel verabschiedete sich bei der alten Dame mit

- ☐ einem Drückerchen.
- ☐ einem Drachengruß.
- ☐ einem Drachenkuss.

Im Honigkuchenland trafen sie

- ☐ die dicke Berta.
- ☐ Ernie und Bert.
- ☐ den dicken Bert.

Bert sprach nur Wörter mit

- ☐ A/a.
- ☐ B/b.
- ☐ D/d.

Bert

- ☐ kletterte gern auf Bäume.
- ☐ buddelte den ganzen Tag im Garten herum.
- ☐ lag den ganzen Tag in der Sonne.

2. Stachel wusste nicht, was er zum dicken Bert sagen sollte.
   Kannst du ihm helfen? Finde Wörter, die alle mit B/b anfangen.

☞ *Schreibe die Wörter auf ein Blatt und hefte es mit deinem Arbeitsblatt in deinen Stachel-Ordner.*

6. Naseweis

A

Stachel überlegte. Dann rief er: „Ich habe eine Idee!“
Er sagte zu Bert: „Bin Bdrache Bstachel. Begrüße Bert besonders bnett.“
Bert strahlte vor Glück: „Bendlich bredet bjemand bmit bmir.“ Er drehte sich vor Freude ganz schnell im Kreis. Immer schneller – und schwups, war er weg. Stachel machte große Augen.
„So ist das immer mit Bert, wenn er sich freut“, sagte eine helle, feine Stimme. „Dann dreht er sich wie ein Kreisel und verschwindet.“ Hinter Stachel stand eine wunderschöne Fee. Sie hatte blonde Haare und eine Nase, die in den Himmel zeigte.
„Wahrscheinlich ist er wieder am anderen Ende vom Honigkuchenland gelandet. Hoffentlich nicht bei Zauberer Zwiebart …“
„Langsam!“, sagte Gustaf. „Willst du dich nicht vorstellen, Naseweis?“
„Tut mir leid“, sagte sie und kraulte Stachel am Kopf.
„Weißt du, so bin ich eben!“
„Wie bist du?“, grunzte Stachel, weil ihm das Streicheln so gefiel.
„Ich bin schlau. Ich weiß alles! Deswegen heiße ich Naseweis!“
Stachel machte große Augen.
„Wenn du mir ein Rätsel stellst, dann löse ich es sofort!“, fuhr die Fee fort.
„Wenn ich es nicht lösen kann, dann hast du einen Wunsch frei!“
„Darf ich mir dann etwas wünschen?“, fragte Stachel.
„Ja!“, rief Gustaf. „Sie kann nämlich auch zaubern! Und ich wüsste schon, was wir uns wünschen könnten!“

„Einen riesengroßen Schokoladenkuchen!“, sagte Stachel.
„Unsinn!“, rief Gustaf. „Eine Reise zu Prinzessin Millimee. Die gibt dir so viele Schokoladenkuchen, wie du nur essen kannst!“
„Meine Herren!“, unterbrach sie Naseweis. „Erst müsst ihr mir ein Rätsel stellen, das ich nicht lösen kann! Sonst wird es nichts mit dem Wünschen!“

6. Naseweis

B

Stachel schaute Bert an und sagte: „Bin Bdrache Bstachel. Begrüße Bert besonders bnett."
Bert strahlte vor Glück. „Bendlich bredet bjemand bmit bmir."
Er drehte sich vor Freude ganz schnell im Kreis. Immer schneller – und schwups, war er weg.
Stachel machte große Augen.
Da hörte er eine Stimme, die sagte: „So ist das immer mit Bert, wenn er sich freut! Dann dreht er sich wie ein Kreisel und verschwindet."
Hinter dem Drachen stand eine wunderschöne Fee. Sie hatte blonde Haare und eine Nase, die in den Himmel zeigte. Es war die Fee Naseweis.
„Ich bin schlau. Ich weiß alles!", sagte sie. „Wenn du mir ein Rätsel stellst, dann löse ich es sofort! Kann ich es nicht lösen, so hast du einen Wunsch frei!"
Stachel staunte.
„Ja!", rief da Gustaf aufgeregt. „Sie kann nämlich auch zaubern! Ich wüsste schon, was wir uns wünschen könnten!"
„Einen riesengroßen Schokoladenkuchen!", strahlte Stachel.
„Nein, eine Reise zur Prinzessin Millimee!", sagte Gustaf.
„Meine Herren!", unterbrach sie Naseweis. „Erst müsst ihr mir ein Rätsel stellen, das ich nicht lösen kann! Sonst wird es nichts mit dem Wünschen!"

Name: **6 A**

1. Puzzle: Naseweis
   a) Schneide die unteren Puzzleteile aus.
   b) Lies dir die erste Frage gut durch.
   c) Jede Antwort hat eine Zahl. Lege das Puzzleteil mit der gleichen Zahl auf die richtige Antwort. Wenn du alles richtig gemacht hast, kannst du zum Schluss ein Bild sehen.

Was machte Bert vor Freude? ▸ Er lachte und platzte. (1) ▸ Er drehte sich und verschwand. (3)	**Die Fee hieß** ▸ Baseweis. (9) ▸ Naseweis. (4)	**Naseweis hatte eine** ▸ Kartoffelnase. (5) ▸ eine Nase, die in den Himmel zeigte. (1)
Naseweis hatte ▸ blonde Haare. (2) ▸ schwarze Haare. (3)	**Naseweis** ▸ wusste nichts. (2) ▸ wusste alles. (9)	**Stachel sollte Naseweis** ▸ ein Bein stellen. (9) ▸ ein Rätsel stellen. (8)
Wenn Naseweis das Rätsel nicht löste, dann hatte Stachel ▸ einen Punsch frei. (1) ▸ einen Wunsch frei. (7)?	**Stachel wünschte sich** ▸ einen Rosinenkuchen. (9) ▸ einen Schokoladen-kuchen. (6)	**Gustaf wünschte sich eine Reise** ▸ zu Prinzessin Millimee. (5) ▸ zu Prinzessin Winniwee. (4)

2. Kannst du Stachel helfen? Er möchte so gern zu Prinzessin Millimee reisen. Schreibe ein Rätsel für Naseweis. Wenn deine Klassenkameraden es nicht lösen können, ist es das richtige Rätsel für Naseweis.

☞ *Hefte das Rätsel und dein Arbeitsblatt in deinen Stachel-Ordner.*

Name: **6 B**

1. Puzzle: Naseweis
   a) Schneide die unteren Puzzleteile aus.
   b) Lies dir die erste Frage gut durch.
   c) Jede Antwort hat eine Zahl. Lege das Puzzleteil mit der gleichen Zahl auf die richtige Antwort. Wenn du alles richtig gemacht hast, kannst du zum Schluss ein Bild sehen.

Was machte Bert vor Freude? ▸ Er lachte und platzte. (1) ▸ Er drehte sich und verschwand. (3)	**Die Fee hieß** ▸ Baseweis. (9) ▸ Naseweis. (1)	**Naseweis hatte** ▸ blonde Haare. (2) ▸ schwarze Haare. (3)
Naseweis ▸ wusste nichts. (5) ▸ wusste alles. (4)	**Stachel sollte Naseweis** ▸ ein Bein stellen. (1) ▸ ein Rätsel stellen. (6)	**Wenn Naseweis das Rätsel nicht löste, dann hatte Stachel** ▸ einen Punsch frei. (1) ▸ einen Wunsch frei. (5)?

✂ -

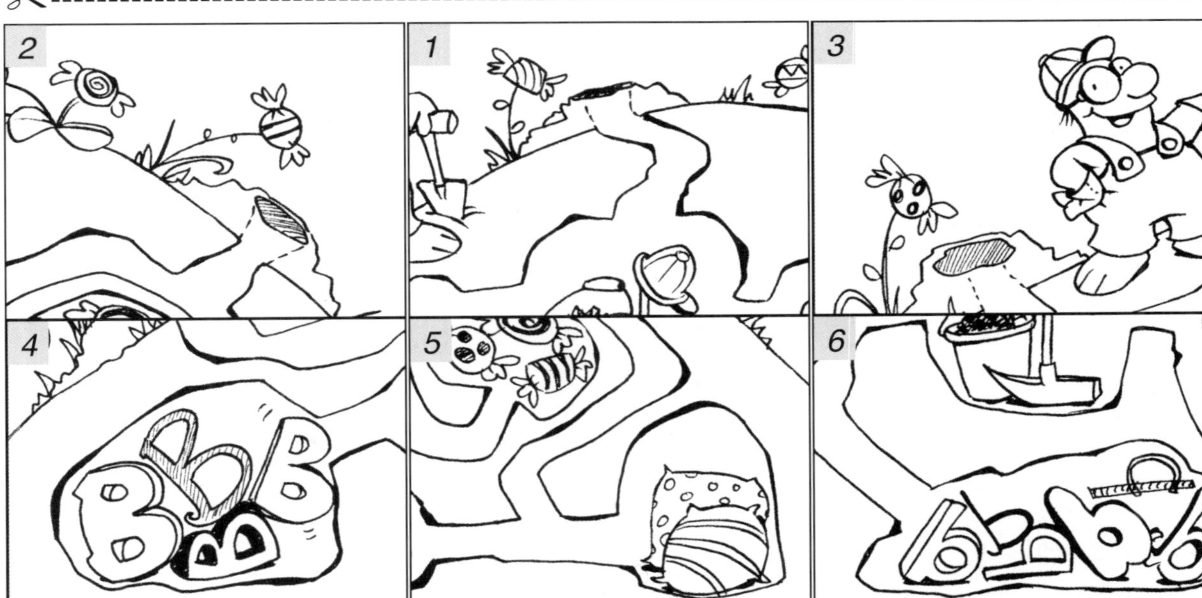

2. Kannst du Stachel helfen? Er möchte so gern zu Prinzessin Millimee reisen. Schreibe ein Rätsel für Naseweis. Wenn deine Klassenkameraden es nicht lösen können, ist es das richtige Rätsel für Naseweis.

☞ *Hefte das Rätsel und dein Arbeitsblatt in deinen Stachel-Ordner.*

7. Stachels Rätsel

A

„Ich weiß ein schweres Rätsel!", rief Stachel. Pass gut auf, Naseweis!" Stachel stellte sich auf einen großen Stein, machte ein ernstes Gesicht und sagte mit tiefer Stimme:

„Hinter unserem Hause
ackert mein Freund Krause,
ohne Pflug und ohne Schar.
Keiner wird's im Dorf gewahr.
Wer ist mein Freund Krause?"

Naseweis machte große Augen. „Woher kennst du solche Rätsel? Du kommst nicht aus dem Honigkuchenland." „Das ist egal!", rief Gustaf. „Du musst es lösen!" „Das kann ich nicht! Ich kann nur Rätsel von Einwohnern des Honigkuchenlandes lösen. Einen Herrn Krause gibt es hier nicht. Bei uns buddelt nur der dicke Bert!", heulte Naseweis und dicke Tränen liefen ihr über das schöne Gesicht.

„Abgemacht ist abgemacht!", freute sich Gustaf. „Du musst uns einen Wunsch erfüllen!" Und er sprang wie ein Floh auf und ab.

Stachel sah Naseweis an. Traurig saß sie auf einem Stein und weinte. Sicher war es das erste Mal, dass sie etwas nicht wusste. „Naseweis!", sagte er deshalb voller Mitleid. „Du musst nicht traurig sein! Im Honigkuchenland bist du das schlauste Wesen. Wenn du bei uns leben würdest, dann wüsstest du, wer er ist."

Naseweis schaute auf. „Wer?", fragte sie.

„Na, der Maulwurf!", antwortete Stachel. „So nennt man bei uns das kleine Tier, das lange Tunnel unter der Erde baut", erklärte Stachel. „Im Rätsel heißt er Krause, damit er sich auf ‚Hause' reimt."

Da lächelte Naseweis und sagte: „Du hast recht, Stachel. In deiner Welt hätte ich es sicher gewusst. Aber nun löse ich mein Versprechen ein: Auf geht es zum Schloss der Prinzessin Millimee!"

7. Stachels Rätsel

B

„Ich weiß ein schweres Rätsel!", rief Stachel.
Er stellte sich auf einen großen Stein, machte ein ernstes Gesicht und sagte mit tiefer Stimme:

„Hinter unserem Hause
ackert mein Freund Krause,
ohne Pflug und ohne Schar.
Keiner wird's im Dorf gewahr.
Wer ist mein Freund Krause?"

Naseweis machte große Augen.
„Woher kennst du solche Rätsel?
Du kommst nicht
aus dem Honigkuchenland."
„Das ist egal!", rief Gustaf.
„Du musst es lösen!"
„Das kann ich nicht! Ich kann nur Rätsel von Einwohnern des Honigkuchenlandes lösen. Einen Herrn Krause gibt es hier nicht. Bei uns buddelt nur der dicke Bert!", heulte Naseweis, und dicke Tränen liefen ihr über das schöne Gesicht.
Stachel sah Naseweis an.
Sicher war es das erste Mal, dass sie etwas nicht wusste.
„Naseweis!", sagte er deshalb voller Mitleid. „Du musst nicht traurig sein! Im Honigkuchenland bist du die Schlaueste. Wenn du bei uns leben würdest, dann wüsstest du, wer Krause ist. Er ist ein Maulwurf. Dieses kleine Tier baut lange Tunnel unter der Erde. Im Rätsel heißt er Krause, damit er sich auf ‚Hause' reimt."
Da lächelte Naseweis und sagte: „Du hast recht, Stachel. In deiner Welt hätte ich es sicher gewusst! Doch nun zu eurem Wunsch:
Auf geht es zum Schloss der Prinzessin Millimee!"

Name: **7 A**

1. Kannst du die Fragen zur Geschichte beantworten?
   Kreuze die richtige Antwort an.

Wer stellte Naseweis das Rätsel?

- ☐ der dicke Bert
- ☐ Gustaf
- ☐ Stachel

Das Rätsel handelte von

- ☐ dem dicken Bert.
- ☐ einem Maulwurf.
- ☐ einem Regenwurm.

Naseweis war noch nie

- ☐ im Honigkuchenland.
- ☐ im Regenbogenland.
- ☐ in Stachels Welt.

Im Honigkuchenland buddelte

- ☐ der dicke Bert.
- ☐ der dünne Krause.
- ☐ Gustaf.

Naseweis

- ☐ heulte und saß auf einer Bank.
- ☐ lachte und tanzte.
- ☐ heulte und saß auf einem Stein.

Naseweis brachte Stachel und Gustaf zum Schloss von

- ☐ Prinzessin Millimee.
- ☐ Prinzessin Billimee.
- ☐ Prinzessin Lillifee.

2. Stachel träumte vom Schloss
   der Prinzessin Millimee.
   Male das Schloss auf ein Blatt.
   Wie könnte es aussehen?
   Schreibe dazu, was besonders
   an ihm ist.

☞ *Hefte das Bild und dein Arbeitsblatt in deinen Stachel-Ordner.*

1. Kannst du die Fragen zur Geschichte beantworten?
Kreuze die richtige Antwort an.

Wer stellte Naseweis das Rätsel?

☐ der dicke Bert
☐ Gustaf
☐ Stachel

Im Honigkuchenland buddelte

☐ der dicke Bert.
☐ der dünne Krause.
☐ Gustaf.

Das Rätsel handelte von

☐ dem dicken Bert.
☐ einem Maulwurf.
☐ einem Regenwurm.

Naseweis brachte Stachel und Gustaf zum Schloss von

☐ Prinzessin Millimee.
☐ Prinzessin Billimee.
☐ Prinzessin Lillifee.

2. Stachel träumte vom Schloss der Prinzessin Millimee.
Male das Schloss auf ein Blatt. Wie könnte es aussehen?

☞ *Hefte das Bild und dein Arbeitsblatt in deinen Stachel-Ordner.*

8. Im Schloss der Prinzessin Millimee A

Naseweis nahm Gustaf und Stachel an die Hand. Leise sprach sie:

„Vorbei, vorbei zieht alle Zeit!
Von hier nach dort und wieder fort,
schnell geht's zu einem anderen Ort!"

Und ehe Gustaf und Stachel etwas sagen konnten, standen sie auch schon vor einem großen Schloss mit vielen bunten Türmen.

„Das ist das Schloss der Prinzessin! Ich muss nun zurück. Für einen Besuch bei der Prinzessin habe ich leider keine Zeit. Auf Wiedersehen!"

„Auf Wiedersehen, Naseweis, und vielen Dank!", rief Stachel.

Da war sie auch schon verschwunden.

„Sag mal", fragte Stachel, „warum besuchen wir eigentlich die Prinzessin?"

„Prinzessin Millimee ist die Herrscherin des Honigkuchenlandes!", sagte Gustaf. „Sie muss wissen, wer sich in ihrem Reich aufhält. Sie entscheidet, ob du die vielen Kuchen, die Schokolade und anderen Leckereien in unserem Land essen darfst! Also komm! Gehen wir ins Schloss!"

„Darf denn jeder einfach so in das Schloss gehen?", fragte Stachel.

„Eigentlich bewacht Hauptmann Quasselkopf mit seinen Soldaten das Schloss. Ich wundere mich auch, dass hier niemand ist. Ein Grund mehr, uns zu beeilen!", sagte Gustaf und zog Stachel hinter sich her.

Sie gingen über eine Zugbrücke aus Zuckerguss und kamen in den Schlosshof. Niemand war zu sehen.

„Komisch", sagte Gustaf. „Wo sind denn alle Bewohner?"

„Vielleicht sind sie bei der Prinzessin", rief Stachel.

„Lass uns nachsehen!", entgegnete Gustaf.

Das riesige Tor am Eingang zum Schloss war aus dunkler Schokolade und mit Nüssen verziert. Stachel hätte fast hineingebissen. Auch im Gebäude war es ganz still. Zu still! Langsam wurde es den beiden Freunden angst und bange. Was war geschehen? Warum war niemand im Schloss? Und wo war Prinzessin Millimee?

8. Im Schloss der Prinzessin Millimee

B

Naseweis nahm Gustaf und Stachel an die Hand. Leise sprach sie:

„Vorbei, vorbei zieht alle Zeit!
Von hier nach dort und wieder fort,
schnell geht's zu einem anderen Ort!“

Da standen sie auch schon vor einem großen Schloss mit vielen bunten Türmen.
„Das ist das Schloss der Prinzessin! Ich muss nun zurück. Auf Wiedersehen!“
„Auf Wiedersehen, Naseweis, und vielen Dank!“, rief Stachel.
Da war sie auch schon verschwunden.
„Sag mal“, fragte Stachel, „warum besuchen wir eigentlich die Prinzessin?“
„Prinzessin Millimee ist die Herrscherin über das Honigkuchenland!“, antwortete Gustaf. „Sie entscheidet, ob du hier bleiben darfst.
Los, gehen wir ins Schloss!“
„Gibt es keine Wachen oder Soldaten, die die Prinzessin bewachen?“, fragte Stachel nach einer Weile.
„Eigentlich bewacht Hauptmann Quasselkopf mit seinen Soldaten das Schloss! Lass uns schauen, wo sie sind“, sagte Gustaf und zog Stachel hinter sich her.
Sie gingen über eine Zugbrücke aus Zuckerguss und kamen in den Schlosshof.
Niemand war zu sehen.
„Komisch!“, sagte Gustaf.
„Wo sind denn alle Bewohner?“
Das riesige Tor am Eingang war aus dunkler Schokolade und mit Nüssen verziert.
Stachel hätte fast hineingebissen. Auch im Gebäude war es ganz still.
Zu still! Langsam bekamen die beiden Freunde Angst. Was war geschehen?
Warum war niemand im Schloss? Und wo war nur Prinzessin Millimee?

Name: **8 A**

1. Kannst du die Fragen zur Geschichte beantworten?
   Löse das Kreuzworträtsel.

waagerecht:

1. Auf dem Schlosshof und im Gebäude war niemand zu sehen. Überall war es ganz still. Zu still! Gustaf und Stachel wurde es angst und ______________________!
2. Das Schlosstor bestand aus ______________ Schokolade.
3. Wer wollte in das Schlosstor beißen?
4. Prinzessin Millimee war ______________ über das Honigkuchenland.
7. Wie hieß der Hauptmann der Schlosswache?

senkrecht:

5. Das Schloss hatte viele bunte ______________?
6. Womit war das Schlosstor verziert?
8. Wie hieß das letzte Wort von Naseweis Zauberspruch?

2. Das Schloss der Prinzessin Millimee war verlassen.
   Die Prinzessin war verschwunden.
   Was konnte passiert sein?

☞ *Schreibe es auf ein Blatt und hefte es mit deinem Arbeitsblatt in deinen Stachel-Ordner.*

Name: **8 A**

Diese Wörter werden gesucht:

ORT, TÜRME, BANGE, DUNKLER, HERRSCHERIN, QUASSELKOPF, NÜSSEN, STACHEL

(Umlaute bleiben Umlaute!)

Name: **8 B**

1. Setze die fehlenden Wörter ein.

Naseweis nahm Gustaf und ________________ an die Hand.

Sie sagte einen ________________ und schon standen sie vor dem ________________ von Prinzessin Millimee.

Es war groß und hatte viele bunte ________________.

Prinzessin Millimee war die ________________ des Honigkuchenlandes.

Gustaf und Stachel gingen über eine ________________ aus Zuckerguss.

Niemand war zu sehen. Überall war es ganz ________________.

Die Freunde bekamen ________________.

still, Schloss, Herrscherin, Zauberspruch, Türme, Stachel, Angst, Zugbrücke

2. Das Schloss der Prinzessin Millimee war verlassen.
   Die Prinzessin war verschwunden. Was konnte passiert sein?
   Male und schreibe es auf.

☞ *Hefte dein Blatt und dein Arbeitsblatt in deinen Stachel-Ordner.*

9. Der Quasselkopf

A

„Die Prinzessin ist verschwunden!“, rief Gustaf erschrocken.
Blass und voller Schrecken setzte er sich auf die Stufen vor Millimees Thron.
„Das kann doch nicht sein! Sie verlässt nie ihr Schloss! Und wo sind nur die anderen Schlossbewohner?“
Auch Stachel war erschrocken. „Sei unbesorgt!“, sagte er. „Sicher machen sie nur einen Ausflug. Es wird schon nichts ...“
„So ein Quatsch!“, rief da plötzlich eine Stimme. „So ein quatschiger Quatsch!“
Stachel und Gustaf drehten sich erschrocken um. Hinter dem Vorhang des Throns schaute ein etwas verbeulter, brauner Kopf mit großen, lustigen Augen hervor.
„Du bist wirklich ein Quatschkopf! Nichts passiert? Schau dir meinen Kopf an, dann weißt du, dass es hier ganz schrecklich zugegangen ist!“
Vorsichtig und noch etwas wackelig trat ein Wesen hervor. Sein ganzer Körper war braun wie Schokolade. Es hatte keinen Hals. Sein Kopf ging gleich in seinen Körper über und endete kurz vor seinen Füßen mit einer Platte.
Seine Hände hingen an blauen Armen, die wie lange, dünne Würmer wirkten.
In einer Hand hielt es einen gelb-grünen Speer, an dem ein roter Helm baumelte.
Die andere Hand drückte es auf den Kopf, aus dem etwas weißer Schaum kam.
Das Wesen trug ein rotes Kettenhemd.
„Du bist ja ein Schokokuss!“, rief Stachel. „Ein sprechender Schokokuss!“
„Wieder falsch!“, rief das Wesen. „Du scheinst wirklich dumm zu sein! Hast du auch etwas auf den Kopf bekommen?“
„Stachel kommt nicht aus dem Honigkuchenland!“, sagte Gustaf. „Er kennt die Wachen der Prinzessin nicht! Du musst ihm verzeihen!“
„Ach so!“, sagte da das Wesen. „Mein Name ist Quasselkopf und ich bin der Hauptmann der Wachen der Prinzessin.“
„Wo ist die Prinzessin?“, rief Gustaf aufgeregt.
„Und wo sind deine Wachen?“
„Das ist eine traurige Geschichte. Die Schokoladengeister haben Prinzessin Millimee geraubt! Sie bringen sie und alle Bewohner des Schlosses zur Burg von Zauberer Zwiebart.“

9. Der Quasselkopf B

„Die Prinzessin ist verschwunden!“, rief Gustaf erschrocken. Er setzte sich auf die Stufen vor Millimees Thron. „Sie verlässt nie ihr Schloss! Und wo sind nur die anderen Schlossbewohner?“

„Sei unbesorgt!“, beruhigte ihn Stachel. „Es wird schon nichts passiert sein!“

„So ein quatschiger Quatsch!“, rief da plötzlich eine Stimme.

Stachel und Gustaf drehten sich erschrocken um. Hinter dem Vorhang des Throns schaute ein etwas verbeulter, brauner Kopf mit großen, lustigen Augen hervor.

„Nichts passiert? Schau dir meinen Kopf an, dann weißt du, dass es hier ganz schrecklich zugegangen ist!“

Vorsichtig trat das Wesen hinter dem Vorhang hervor. Sein ganzer Körper war braun wie Schokolade. Es hatte keinen Hals. Sein Kopf ging gleich in seinen Körper über und endete kurz vor seinen Füßen mit einer glatten Platte. Seine Hände hingen an blauen Armen, die wie lange, dünne Würmer wirkten. In einer Hand hielt es einen gelb-grünen Speer, an dem ein roter Helm baumelte. Die andere Hand drückte es auf den Kopf, aus dem etwas weißer Schaum kam. Das Wesen trug ein rotes Kettenhemd.

„Du bist ja ein sprechender Schokokuss!“, rief Stachel.

„Du scheinst wirklich dumm zu sein!“, rief das Wesen böse zurück. „Hast du auch etwas auf den Kopf bekommen?“

„Stachel kommt nicht aus dem Honigkuchenland!“, sagte da Gustaf. „Er kennt die Wachen der Prinzessin nicht!“

„Ach so!“, sagte das Wesen. „Mein Name ist Quasselkopf und ich bin der Hauptmann der Wachen der Prinzessin.“

„Wo ist die Prinzessin?“, rief Gustaf aufgeregt. „Und wo sind deine Wachen?“

„Die Schokoladengeister haben Prinzessin Millimee geraubt! Sie bringen sie und alle Bewohner zur Burg von Zauberer Zwiebart“, sagte Quasselkopf traurig.

Name:  **9 A**

1. Findest du die Lösungswörter?

Gustaf rief erschrocken: „Die Prinzessin ist

	2							1			

!“

Welche Farbe hatte das rätselhafte Wesen?

			7	

Das Wesen hielt einen

			9	

in der Hand.

Das Wesen erinnerte Stachel an einen

.

Wie hieß der Hauptmann der Wachen?

	3				4					5

Die

								8								6	

hatten Prinzessin Millimee geraubt.

Lösungswörter:

1	2	3	4

5	R	6	7	N	8	9

Der Name des nächsten Kapitels (Umlaute bleiben Umlaute!)

2. Male nach der Beschreibung der Geschichte den Hauptmann Quasselkopf in den richtigen Farben auf ein Blatt.

☞ *Hefte dein Bild und dein Arbeitsblatt in deinen Stachel-Ordner.*

Name:  **9 B**

1. Kreise den Buchstaben neben deiner gewählten Aufgabe ein.
   Schreibe die Buchstaben in die unteren Kästchen.
   Findest du das Lösungswort?

1. Der Körper des rätselhaften Wesens war

☐ braun wie Schokolade. ☞ N
☐ schwarz wie Schokolade. ☞ T
☐ braun wie Kakao. ☞ B

2. Das Wesen war

☐ Hauptmann der Schokoküsse. ☞ E
☐ Hauptmann der Wachen von Millimee. ☞ U
☐ Hauptmann der Schokoladengeister. ☞ A

3. Der Hauptmann hieß

☐ Quatschkopf. ☞ O
☐ Quasselstrippe. ☞ P
☐ Quasselkopf. ☞ U

4. Millimee wurde geraubt von

☐ Zauberer Zwiebart. ☞ H
☐ den Schokoladengeistern. ☞ E
☐ Naseweis. ☞ I

Das **Lösungswort** verrät dir den Namen des nächsten Kapitels:

1	2	3	4

F	R	E	U	N	D	E

2. Male nach der Beschreibung der Geschichte den Hauptmann Quasselkopf in den richtigen Farben auf ein Blatt.

☞ *Hefte dein Bild und dein Arbeitsblatt in deinen Stachel-Ordner.*

10. Neue Freunde

A

„So ein Unglück!", jammerte Gustaf. „Was will denn Zwiebart von der Prinzessin?"
„Ich weiß es auch nicht!", antwortete Quasselkopf. „Ich weiß nur, dass ich die Prinzessin befreien muss!"
„Du willst ganz allein zu Zauberer Zwiebart?", rief Gustaf. „Du bist zwar mutig, aber reichlich dumm! Weißt du denn nicht, wie gefährlich er ist? Allein bist du verloren!"
„Ja, ja, ich weiß!", weinte Quasselkopf. „Aber als Hauptmann hätte ich besser auf die Prinzessin aufpassen müssen! Ich bin schuld, dass die Schokogeister sie entführen konnten. Deshalb ...!"
„Ach was!", unterbrach ihn Gustaf. „Gegen den Geruch der Schokoladengeister ist man machtlos." „Gegen ihren Geruch?", fragte Stachel. Er stand etwas abseits und hörte zu. „Ja, sie riechen so gut, dass man einfach alles andere vergisst!", erklärte Quasselkopf. „Du denkst an die schönsten Schokoladentorten oder Bonbons und in der Zwischenzeit können sie mit dir machen, was sie wollen."
„Aber bei dir hat das nicht geklappt!", stellte Stachel fest.
„Nun, weißt du, mein Helm, der sitzt manchmal so fest auf meiner Nase, dass ich nichts rieche", erklärte Quasselkopf verlegen.
„Sei froh! Sonst wärst du nun auch bei Zauberer Zwiebart", tröstete ihn Stachel. „Trotzdem denke ich, dass der Prinzessin geholfen werden muss. Gustaf, wollen wir Quasselkopf nicht helfen, die Prinzessin zu retten?"
„Natürlich will ich der Prinzessin helfen! Aber wir drei sind viel zu schwach!", antwortete Gustaf.
„Dann müssen eben noch mehr mitgehen", sagte da eine Stimme hinter ihnen. Alle drei drehten sich erschrocken um.
„Naseweis!", rief Stachel. „Warum bist du hier? Und wer sind deine Begleiter?"
„Auch ich habe bemerkt, dass niemand das Schloss bewachte. Da wusste ich, dass etwas nicht stimmt!", sagte sie. „So habe ich meine Freunde geholt: Arabella, die Milchelfe, Lutschbon, den Meister der Lutschbonbons, Kakalo aus dem Kakaoland, Bongo, den Erdbeerlutscher, und Lakritza, die Hexe aus dem Lakritzenland."

10. Neue Freunde

B

„So ein Unglück!“, jammerte Gustaf.
„Ja!“, rief Quasselkopf. „Aber ich werde die Prinzessin befreien!“
„Du willst ganz allein zu Zauberer Zwiebart?“, rief Gustaf. „Da bist du aber dumm! Weißt du denn nicht, wie gefährlich er ist? Allein bist du verloren!“
„Ja, ja, ich weiß!“, weinte Quasselkopf. „Aber als Hauptmann hätte ich besser auf die Prinzessin aufpassen müssen! Ich bin schuld, dass die Schokogeister sie entführen konnten. Deshalb ...!“
„Gegen den Geruch der Schokogeister ist man machtlos“, unterbrach ihn Gustaf.
„Gegen ihren Geruch?“, fragte Stachel. Er stand etwas abseits und hörte zu.
„Ja, sie riechen so gut, dass man einfach alles andere vergisst!“, erklärte Quasselkopf. „Du denkst nur an die schönsten Schokoladentorten. In der Zwischenzeit können sie mit dir machen, was sie wollen.“
„Aber bei dir hat das nicht geklappt!“, stellte Stachel fest. „Nun, weißt du, mein Helm, der sitzt manchmal so fest auf meiner Nase, dass ich nichts rieche“, erklärte Quasselkopf verlegen.
„Sei froh! Sonst wärst du nun auch bei Zauberer Zwiebart!“, tröstete ihn Stachel. „Gustaf, wollen wir Quasselkopf nicht helfen, die Prinzessin zu befreien?“
„Natürlich will ich der Prinzessin helfen! Aber wir drei sind viel zu schwach!“, antwortete Gustaf traurig.
„Dann müssen eben noch mehr mitgehen!“, sagte da eine Stimme hinter ihnen.
„Naseweis!“, rief Stachel freudig. „Warum bist du hier? Und wer sind deine Begleiter?“
„Ich habe gesehen, dass niemand das Schloss bewachte. Da wusste ich, dass etwas nicht stimmt!“, antwortete sie. „So habe ich meine Freunde als Helfer geholt: Arabella, die Milchelfe, Lutschbon, den Meister der Lutschbonbons, Kakalo aus dem Kakaoland, Bongo, den Erdbeerlutscher, und Lakritza, die Hexe aus dem Lakritzenland.“

Name: **10 A**

1. Kannst du die Fragen zur Geschichte beantworten?
   Kreuze die richtige Antwort an.

Wer wollte die Prinzessin ganz allein befreien?

- ☐ der dicke Bert
- ☐ Quasselkopf
- ☐ Naseweis

Wer hatte Hilfe geholt?

- ☐ der dicke Bert
- ☐ Stachel
- ☐ Naseweis

Was war das Gefährliche an den Schokoladengeistern?

- ☐ ihr Aussehen
- ☐ ihre Stimme
- ☐ ihr Geruch

Naseweis hatte bemerkt,

- ☐ dass Zauberer Zwiebart kam.
- ☐ dass die Prinzessin weinte.
- ☐ dass niemand das Schloss bewachte.

Warum konnten die Geister Quasselkopf nicht fangen?

- ☐ Er hatte sich versteckt.
- ☐ Er konnte nichts riechen.
- ☐ Sie hatten ihn nicht gesehen.

Wie viele Freunde brachte Naseweis als Helfer mit?

- ☐ 4
- ☐ 5
- ☐ 6

2. Arabella, die Milchelfe, Lutschbon, der Meister der Lutschbonbons, Kakalo aus dem Kakaoland, Bongo, der Erdbeerlutscher, und Lakritza, die Hexe aus dem Lakritzenland, waren die neuen Freunde von Stachel und wollten helfen, Prinzessin Millimee zu befreien. Alle hatten besondere Zauberkräfte.

a) Beschreibe, was jeder kann und welche Zauberkräfte er besitzt. Schreibe in vollständigen Sätzen.

b) Suche dir ein Wesen aus und male es.

☞ *Hefte beide Blätter in deinen Stachel-Ordner.*

Name: **10 B**

1. Kannst du die Fragen zur Geschichte beantworten?
   Kreuze die richtige Antwort an.

Wer wollte die Prinzessin ganz allein befreien?

- ☐ der dicke Bert
- ☐ Quasselkopf
- ☐ Naseweis

Was war das Gefährliche an den Schokoladengeistern?

- ☐ ihr Aussehen
- ☐ ihre Stimme
- ☐ ihr Geruch

Naseweis hatte bemerkt,

- ☐ dass Zauberer Zwiebart kam.
- ☐ dass die Prinzessin weinte.
- ☐ dass niemand das Schloss bewachte.

Wie viele Freunde brachte Naseweis als Helfer mit?

- ☐ 4
- ☐ 5
- ☐ 6

2. Arabella, die Milchelfe, Lutschbon, der Meister der Lutschbonbons, Kakalo aus dem Kakaoland, Bongo, der Erdbeerlutscher, und Lakritza, die Hexe aus dem Lakritzenland, waren die neuen Freunde von Stachel und wollten helfen, Prinzessin Millimee zu befreien.
   Alle hatten besondere Zauberkräfte.
   Suche dir ein Wesen aus. Male es und beschreibe, welche Zauberkräfte es besitzt.

☞ *Hefte das Blatt und dein Arbeitsblatt in deinen Stachel-Ordner.*

11. Der Wald der Pralinenzwerge

A

Stachel fand, dass die Freunde von Naseweis sehr komisch aussahen:
Am besten gefiel ihm Arabella, die Milchelfe. Sie war zierlich und hatte helle Haut.
Ihre Flügel waren blau und flatterten hin und her.
Lakritza, die Hexe, war schwarz. Ihr Körper sah aus, wie eine Lakritzschnecke.
Ihre Arme waren aus Lakritzstangen. Die Hexe sah sehr unheimlich aus.
Stachel sah aber, dass sie ihm freundlich zuzwinkerte.
Lutschbon, der Meister der Lutschbonbons, war ein großes Bonbon
in gelb-grünem Papier.
Bongo, der Erdbeerlutscher, hatte ein rundes, rotes Gesicht mit lustigen Augen.
Sein Körper bestand aus einem dicken, grünen Stiel mit langen, roten Armen.
Er hatte keine Beine und schwebte über der Erde.
Kakalo aus dem Kakaoland sah aus wie eine große Kakaodose. Wenn er ging,
dann wackelte sein Körper hin und her und er verlor ständig etwas Kakao.

„Ihr braucht keine Angst zu haben!", sagte Naseweis. „Meine Freunde
sind auch eure Freunde! Sie werden uns helfen, die Prinzessin zu befreien."
„Na, wenn das so ist", rief Gustaf, „dann lasst uns sofort gehen. Die Zeit drängt!
Wer weiß, wie es der Prinzessin ergangen ist!"
Die Freunde machten sich auf den Weg. Sie zogen aus dem Schloss hinaus
in einen großen dunklen Wald.
„Das ist der Wald der Pralinenzwerge", sagte Naseweis zu Stachel. „Pass auf,
dass du keinen Baum berührst, sonst wird es dir schlecht ergehen!"
Stachel schaute sich um. Die Bäume um ihn herum trugen statt Äpfel oder
Birnen die herrlichsten Pralinen. Der Duft von Marzipan, Nugat und Vanille stieg
in Stachels Nase. Das Wasser lief ihm im Maul zusammen. Immer weiter blieb er
hinter seinen Freunden zurück und betrachtete die herrlichen Pralinen,
die direkt vor seiner Nase hingen.

11. Der Wald der Pralinenzwerge

B

Stachel fand, dass die Freunde von Naseweis sehr komisch aussahen:
Am besten gefiel ihm Arabella, die Milchelfe. Sie war zierlich und hatte helle Haut.
Ihre Flügel waren blau und flatterten hin und her.
Lakritza, die Hexe, war schwarz. Ihr Körper sah aus wie eine Lakritzschnecke.
Ihre Arme waren aus Lakritzstangen. Sie sah sehr unheimlich aus.
Lutschbon, der Meister der Lutschbonbons, war ein großes Bonbon
in gelb-grünem Papier.
Bongo, der Erdbeerlutscher, hatte ein rundes, rotes Gesicht mit fröhlichen Augen.
Sein Körper war ein dicker, grüner Stiel mit langen, roten Armen.
Er hatte keine Beine und schwebte über der Erde.
Kakalo aus dem Kakaoland sah aus wie eine große Kakaodose. Wenn er ging,
dann wackelte sein Körper hin und her und er verlor ständig etwas Kakao.

„Ihr braucht keine Angst zu haben!", sagte Naseweis. „Meine Freunde
sind auch eure Freunde! Sie werden uns helfen, die Prinzessin zu befreien."
„Dann lasst uns sofort gehen!", rief Gustaf. „Es wird Zeit! Wer weiß,
wie es der Prinzessin geht."
Die Freunde machten sich auf den Weg. Sie zogen aus dem Schloss hinaus
in einen großen dunklen Wald.
„Das ist der Wald der Pralinenzwerge", sagte Naseweis zu Stachel. „Pass auf,
dass du keinen Baum berührst, sonst wird es dir schlecht ergehen!"
Stachel schaute sich um. Die Bäume um ihn herum trugen statt Äpfel oder
Birnen die herrlichsten Pralinen. Der Duft von Marzipan und Nugat stieg
in Stachels Nase. Das Wasser lief ihm im Maul zusammen. Immer weiter blieb er
hinter seinen Freunden zurück und betrachtete die herrlichen Pralinen,
die direkt vor seiner Nase hingen.

1. Kannst du die Fragen zur Geschichte beantworten?
   Löse das Kreuzworträtsel.

   waagerecht:

   2. Wie fand Stachel die Hexe Lakritza? Er fand sie ____________________.
   3. Der Meister der Lutschbonbons war ein großes ____________________ in gelb-grünem Papier.
   6. Naseweis und ihre Freunde wollten helfen, Prinzessin Millimee zu ____________________.
   7. Die Freunde zogen aus dem Schloss hinaus in einen großen, dunklen ____________________.
   8. Was hing im Wald an den Bäumen?

   senkrecht:

   1. Was für ein Wesen war Arabella?
   4. Was für ein Wesen war Gustaf?
   5. Wer sah aus wie eine große Kakaodose?

2. Stachel schaute sich um und staunte. Die Bäume um ihn herum trugen statt Äpfel oder Birnen die herrlichsten Pralinen.
   Der Duft von Marzipan, Nugat und Vanille stieg in Stachels Nase.
   Das Wasser lief ihm im Maul zusammen.
   Immer weiter blieb er hinter seinen Freunden zurück und betrachtete die herrlichen Pralinen, die direkt vor seiner Nase hingen.
   Was wird Stachel nun tun? Schreibe die Geschichte weiter.
   Benutze ganze Sätze.

☞ *Hefte das Blatt und dein Arbeitsblatt in deinen Stachel-Ordner.*

Name: **11 A**

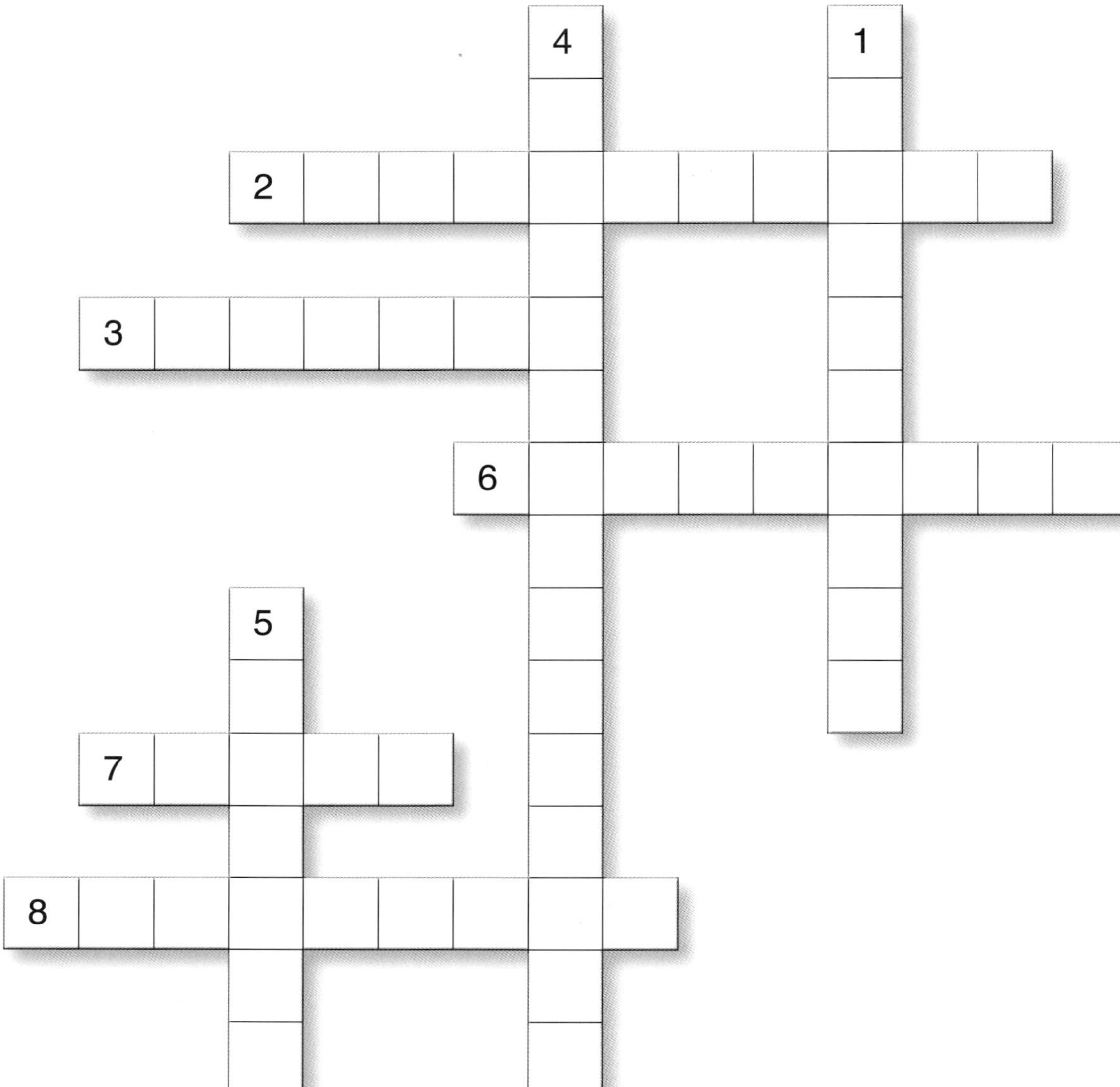

Diese Wörter werden gesucht:

WALD, BONBON, PRALINEN, MILCHELFE,

UNHEIMLICH, BEFREIEN,

GERNEBACKZWERG, KAKALO

(Umlaute bleiben Umlaute!)

Name: **11 B**

1. Setze die fehlenden Wörter ein.

Stachel fand, dass die Freunde von Naseweis komisch aussahen:

Am besten gefiel ihm Arabella, die ______________________________.

Lakritza, die Hexe aus dem Lakritzenland, war ____________________.

Lutschbon war ein großes ____________________ in gelb-grünem Papier.

__________________ sah aus wie eine Kakaodose.

„Keine Angst!", sagte Naseweis. „Wir wollen euch helfen,

die Prinzessin zu ___________________!"

Sie zogen aus dem Schloss hinaus in einen großen,

dunklen _______________.

An den Bäumen wuchsen die herrlichsten

_________________________.

Stachel lief das Wasser im Maul zusammen.

schwarz, befreien, Milchelfe, Kakalo, Pralinen, Bonbon, Wald

2. Stachel blieb immer weiter hinter seinen Freunden zurück und betrachtete die herrlichen Pralinen, die direkt vor seiner Nase hingen. Was wird Stachel nun tun? Schreibe und male es auf.

☞ *Hefte das Blatt und dein Arbeitsblatt in deinen Stachel-Ordner.*

12. Die Pralinenzwerge

A

Stachel konnte nicht widerstehen.
Er griff nach einer Praline und steckte sie in den Mund.
Sie schmeckte fürchterlich!
„Igitt!“, rief er und spuckte sie aus.
„Die war bestimmt noch nicht reif!“, überlegte er laut.
„Bei den Pralinen ist es sicher so, wie mit unserem Obst. Ich probiere eine andere.“
Diesmal wollte er eine Praline weiter oben im Baum pflücken.
Er reckte und streckte sich, aber er kam nicht heran.
„Komisch“, dachte er. „Ich muss mich wohl auf die Zehenspitzen stellen!“ Aber das ging nicht. Er konnte seine Füße nicht mehr bewegen. Erschrocken sah er nach unten: Seine Füße waren aus Schokolade und fest verwachsen mit dem Erdboden!
Plötzlich raschelte es im Gebüsch. Zwei komische Zwerge mit bunten Hüten voll von Pralinen kamen auf Stachel zu.
„Wer näscht vön ünseren Prälinen?“, rief der dickere von beiden. „Sie sind nöch gär nicht reif!“
„Das habe ich bemerkt!“, antwortete Stachel. „Sie schmecken fürchterlich!“
Die beiden Zwerge starrten Stachel an.
„Häst dü däs gehört, Äntön?“, wandte sich der eine Zwerg an seinen Freund.
„Jä, häbe ich! Eine Ünverschämtheit!“, entgegnete dieser. „Lös, bringen wir ihn zü ünserem König!“
Ehe Stachel sich versah, wurde er in ein großes Netz gewickelt. Es gab einen Ruck und seine Füße lösten sich vom Boden. Sie fühlten sich hohl an und seine Kralle am rechten Fuß war abgebrochen. Komischerweise tat ihm das gar nicht weh.
„He, lasst das!“, rief Stachel. „Ihr brecht mir meine Krallen ab!“
„Däs kömmt dävön, wenn män än die Prälinen vön änderen Leuten geht“, antwortete Äntön. „Läss üns gehen, Öttö!“
Die Zwerge marschierten los. Zwischen ihnen Stachel, der wie eine Wolke durch die Luft schwebte.

12. Die Pralinenzwerge

B

Stachel griff nach einer Praline und steckte sie in den Mund.
Sie schmeckte fürchterlich. Er spuckte sie aus.
„Die war bestimmt noch nicht reif!", überlegte er. „Ich probiere eine andere."
Diesmal wollte er eine Praline weiter oben im Baum pflücken. „Ich muss mich auf die Zehenspitzen stellen!", dachte er. Aber das ging nicht. Er konnte seine Füße nicht mehr bewegen. Erschrocken sah er nach unten:
Seine Füße waren aus Schokolade und fest verwachsen mit dem Erdboden!
Das hatte er nun von seiner Nascherei!
Da raschelte es im Gebüsch. Zwei komische Zwerge mit bunten Hüten voll von Pralinen kamen auf Stachel zu.
„Wer näscht vön ünseren Prälinen?", rief der dickere Zwerg. „Sie sind nöch gär nicht reif!"
„Das habe ich bemerkt!", antwortete Stachel. „Sie schmecken fürchterlich!"
Die beiden Zwerge starrten Stachel an.
„Fürchterlich?", rief der dünnere Zwerg. „Häst dü däs gehört, Äntön?"
„Jä, häbe ich! Eine Ünverschämtheit!", entgegnete dieser. „Lös, bringen wir ihn zü ünserem König!"
Stachel wurde in ein großes Netz gewickelt. Es gab einen Ruck und seine Füße lösten sich vom Boden. Sie wirkten hohl. Seine Kralle am rechten Fuß war abgebrochen. Das tat ihm aber nicht weh.
„He, lasst das!", rief Stachel. „Ihr brecht mir meine Krallen ab!"

„Däs kömmt dävön, wenn män än die Prälinen vön änderen Leuten geht!", antwortete Äntön.
„Läss üns gehen, Öttö!"
Die Zwerge marschierten los.
Zwischen ihnen Stachel, der wie eine Wolke durch die Luft schwebte.

Name:

12 A

1. Kannst du die Fragen zur Geschichte beantworten?
   Kreuze die richtige Antwort an.

Wie schmeckte die erste Praline?

- ☐ herrlich
- ☐ lecker
- ☐ fürchterlich

Warum konnte Stachel keine zweite Praline pflücken?

- ☐ Der Baum war zu hoch.
- ☐ Seine Füße waren fest verwachsen mit dem Erdboden.
- ☐ Er hatte keinen Hunger mehr.

Wer kam auf Stachel zu?

- ☐ zwei komische Zwerge mit bunten Hüten
- ☐ zwei komische Berge mit bunten Hüten
- ☐ zwei komische Zwerge mit bunten Tüten

Wer waren die Männchen?

- ☐ Paukenzwerge
- ☐ Pralinenzwerge
- ☐ Partyzwerge

Was war das Besondere an den Männchen?

- ☐ Sie liefen komisch.
- ☐ Sie saßen komisch.
- ☐ Sie sprachen komisch.

Wohin brachten sie Stachel?

- ☐ zu Zauber Zwiebart
- ☐ zu Prinzessin Millimee
- ☐ zum König der Pralinenzwerge

2. Die Pralinenzwerge haben eine besondere Sprache: Sie benutzen statt a, o, u die Buchstaben ä, ö, ü.
   Schreibe auf ein Blatt, wie Stachel sich bei dem König der Pralinenzwerge entschuldigen könnte. Benutze dabei die Sprache der Pralinenzwerge.

☞ *Hefte das Blatt und dein Arbeitsblatt in deinen Stachel-Ordner.*

Name: **12 B**

1. Kannst du die Fragen zur Geschichte beantworten?
   Kreuze die richtige Antwort an.

Wie schmeckte die erste Praline?

- ☐ herrlich
- ☐ lecker
- ☐ fürchterlich

Warum konnte Stachel keine zweite Praline pflücken?

- ☐ Der Baum war zu hoch.
- ☐ Seine Füße waren fest verwachsen mit dem Erdboden.
- ☐ Er hatte keinen Hunger mehr.

Was war das Besondere an den Männchen?

- ☐ Sie liefen komisch.
- ☐ Sie saßen komisch.
- ☐ Sie sprachen komisch.

Wohin brachten sie Stachel?

- ☐ zu Zauber Zwiebart
- ☐ zu Prinzessin Millimee
- ☐ zum König der Pralinenzwerge

2. Die Pralinenzwerge haben eine besondere Sprache:
   Sie benutzen statt a, o, u die Buchstaben ä, ö, ü.
   Male die Pralinenzwerge Äntön und Öttö nach der Beschreibung in der Geschichte. Zeichne den Zwergen Sprechblasen und lass sie in der Sprache der Pralinenzwerge sprechen.

☞ *Hefte das Blatt und dein Arbeitsblatt in deinen Stachel-Ordner.*

13. Der König der Pralinenzwerge A

Stachel wurde ziemlich übel.
Äntön und Öttö waren durch einen engen Eingang in einem Baum hinab in die Erde gestiegen. Die Luft roch immer süßer.
Stachel konnte sich kaum bewegen.
„Lasst mich doch aus diesem Netz! Ich kann selber laufen!", jammerte er.
Doch die Zwerge kümmerten sich nicht um sein Geschrei.
Immer tiefer ging es bergab und es wurde immer wärmer.
Endlich gelangten sie in eine große Halle. Hier war es so heiß, dass an den Wänden die Erde herablief. Hunderte von Pralinenzwergen fingen sie mit Eimern auf.
„Was machen denn eure Freunde dort mit der Erde?", fragte Stachel.
„Prälinen!", antwortete Äntön. „Dümme Fräge!"
„Aus Erde?", fragte Stachel verwundert.
„Nee, wäs bist dü dümm! Däs ist Schököläde!", lachte Öttö.
Tatsächlich! An den Wänden lief die feinste Schokolade herunter.
Nun konnte Stachel es auch riechen. Normalerweise wäre ihm das Wasser im Mund zusammengelaufen. Jetzt aber wurde ihm davon schlecht.
„Wie weit ist es denn noch?", jammerte er. „Mir ist so übel!"
„Wir sind schön dä!", rief Äntön.
Mit einem großen Plumps landete Stachel auf dem Popo. Sie waren in einem Saal angekommen. Er war über und über mit Pralinen verziert.
In der Mitte stand ein riesiger Thron aus Schokolade. Darauf saß ein Mann mit einem langen Bart und einem spitzen Hut. Er sah Stachel tief in die Augen, sagte aber kein Wort. Stachel hatte einen kleinen, dicken Zwergenkönig erwartet.
Dieser Mann war gar nicht klein, sondern viel größer als Stachel. Er hatte eine spitze Nase und böse Augen.
Wer war er und was würde er mit Stachel machen?

13. Der König der Pralinenzwerge

B

Äntön und Öttö waren durch einen engen Eingang in einem Baum hinab in die Erde gestiegen. Die Luft roch immer süßer.
Stachel konnte sich kaum bewegen.
„Mir ist übel!“, jammerte er.
Die Zwerge kümmerten sich nicht um sein Geschrei. Immer tiefer ging es bergab.
Endlich gelangten sie in eine große Halle. Hier war es so heiß, dass an den Wänden die Erde herablief. Hunderte von Pralinenzwergen fingen sie mit Eimern auf.
„Was machen denn eure Freunde mit der Erde?“, fragte Stachel erstaunt.
„Prälinen!“, antwortete Äntön. „Dümme Fräge!“
„Aus Erde?“, fragte Stachel.
„Nee, wäs bist dü dümm! Däs ist Schököläde!“, lachte Öttö.
Tatsächlich! An den Wänden lief die feinste Schokolade herunter. Nun konnte Stachel es auch riechen. Davon wurde ihm noch schlechter.
„Wie weit ist es denn noch?“, jammerte er.
„Wir sind schön dä!“, rief Äntön.
Mit einem großen Plumps landete Stachel auf dem Popo. Sie waren in einem Saal angekommen. Er war über und über mit Pralinen verziert. In der Mitte stand ein großer Thron aus Schokolade. Darauf saß ein Mann mit einem langen Bart und einem spitzen Hut. Er sah Stachel an, sagte aber kein Wort.
Stachel bekam Angst. Dieser Mann war viel größer als Stachel.
Er hatte eine spitze Nase und böse Augen.
Wer war er und was würde er mit Stachel machen?

Name: **13 A**

1. Findest du die Lösungswörter?

Äntön und Öttö stiegen durch einen engen Eingang

in einem

7	17		

hinab in die Erde.

Die Luft unter der Erde roch immer

			10	

.

Worin war Stachel gefangen?

	8		4

Was für Wesen waren Äntön und Öttö?

	11			14		2		12	13		18		

Was lief von den Wänden herab?

							5	1	15

Wie landete Stachel auf seinem Popo? Er landet

mit einem

		6			

.

Was stand im Saal und war aus Schokolade?

		3		

Der Mann hatte einen langen

16		9	19

.

Lösungswörter:

1	2	3

4	5	6	7	8	9	10	11

12	13	14	15	16	17	18	19

Der Name des nächsten Kapitels (Umlaute bleiben Umlaute!)

2. Male nach der Beschreibung den Mann auf dem Thron. Wer könnte er sein? Schreibe deine Vermutung unter dein Bild.

☞ *Hefte dein Bild und dein Arbeitsblatt in deinen Stachel-Ordner.*

Birgit Gerber: Drache Stachel im Honigkuchenland

Name:  13 B

1. Kreise den Buchstaben neben deiner gewählten Aufgabe ein.
   Schreibe die Buchstaben in die unteren Kästchen.
   Findest du das Lösungswort?

1. Wo war der Eingang, der in die Erde führte?

- ☐ in einem Strauch ☞ D
- ☐ in einem Haus ☞ N
- ☐ in einem Baum ☞ Z

2. Womit war der Saal verziert?

- ☐ mit Bonbons ☞ O
- ☐ mit Schokolade ☞ P
- ☐ mit Pralinen ☞ W

3. Die Luft unter der Erde roch

- ☐ gut. ☞ O
- ☐ süß. ☞ I
- ☐ sauer. ☞ U

4. Wie landete Stachel auf seinem Popo?

- ☐ mit einem Bums ☞ T
- ☐ mit einem Plumps ☞ B
- ☐ mit einem Rums ☞ P

5. Was lief von den Wänden?

- ☐ Milch ☞ H
- ☐ Honig ☞ E
- ☐ Schokolade ☞ A

6. Woraus bestand der Thron?

- ☐ aus Zucker ☞ M
- ☐ aus Schokolade ☞ R
- ☐ aus Lakritze ☞ T

Das **Lösungswort** verrät dir den Namen des nächsten Kapitels:

DER ZAUBERER

1	2	3		4	5	6	
			E				T

2. Male nach der Beschreibung den Mann auf dem Thron.
   Wer könnte er sein?
   Schreibe es unter dein Bild.

☞ *Hefte dein Bild und dein Arbeitsblatt in deinen Stachel-Ordner.*

14. Der Zauberer Zwiebart

A

„Wer bist du?", fragte der Mann mit dem langen, grauen Bart.
„Ich heiße Stachel und besuche das Honigkuchenland!", antwortete Stachel vorsichtig.
„Er hät ünsere Prälinen gefressen!", rief Äntön.
„Jä, däs stimmt!", sagte Öttö. „Ich häbe es äuch gesehen!"
„Stimmt das?", donnerte die Stimme des alten Mannes.
Stachel duckte sich. „Du musst nicht gleich so schreien!", sagte er.
„Ich habe ja nicht gewusst, dass ich das nicht durfte!"
„Schweig!", rief der alte Mann. „Das nützt dir nichts! Von den Bäumen der Pralinenzwerge darf man nicht naschen! Sperrt ihn ein!" Die Zwerge gingen auf Stachel zu.
Dieser rief: „Moment! Das ist ungerecht! Wer bist du denn, dass du so etwas befehlen kannst?"
Der alte Mann drehte sich langsam zu Stachel. Seine Augen blitzten Stachel böse an. „Du kleiner Wicht!", sagte er mit böser Stimme. „Wie wagst du es, mit mir zu sprechen? Mit mir, dem großen Zauberer Zwiebart!"
Er hob seinen Zauberstab und richtete ihn auf Stachels Schokoladenfüße.
Ein Blitz zuckte aus dem Stab. Ehe Stachel sich versah, waren seine Füße wieder normal. Aus einer seiner Krallen blutete es und sie tat ihm entsetzlich weh.
„So, und nun bringt ihn zu den anderen!", sagte Zwiebart und verließ die Halle.
Äntön und Öttö brachten Stachel durch viele Gänge zu einer großen Eisentür.
Vor ihr schwebte ein komisches, braunes Wesen. Es flatterte in der Luft wie ein Schmetterling.
„Was ist das für ein Wesen?", fragte Stachel erstaunt.
„Ein Schökölädengeist!", flüsterte Äntön.
Das Tor wurde geöffnet und sie traten in einen Raum mit vielen Gefängniszellen.
„Hier hinein!", rief Öttö und schubste Stachel in eine Zelle.
Stachel sah sich um. Außer ihm waren noch zwei andere Wesen da:
ein dicker Zwerg mit einer Krone aus einer Praline und
eine wunderschöne Dame mit langem, blondem Haar.

14. Der Zauberer Zwiebart

B

„Wer bist du?“, fragte der Mann mit dem langen, grauen Bart.
„Ich heiße Stachel und besuche das Honigkuchenland!“, antwortete Stachel.
„Er hät ünsere Prälinen gefressen!“, rief Äntön.
„Jä, jä, däs stimmt!“, sagte nun auch Öttö. „Ich häbe es äuch gesehen!“
„Stimmt das?“, donnerte die Stimme des Mannes. Stachel duckte sich. „Von den Bäumen der Pralinenzwerge darf man nicht naschen! Sperrt ihn ein!“ Äntön und Öttö gingen auf Stachel zu. Dieser rief: „Wer bist du, dass du so etwas befehlen kannst?“ Erschrocken blieben Äntön und Öttö stehen.

Der alte Mann drehte sich langsam zu Stachel um. Seine Augen blitzten Stachel böse an. „Du kleiner Wicht!“, sagte er mit einer bösen Stimme. Ich bin der großen Zauberer Zwiebart!“
Er hob seinen Zauberstab, murmelte ein paar Worte und richtete ihn auf Stachels Füße. Ein Blitz zuckte aus dem Stab. Ehe Stachel sich versah, waren sie wieder normal. Aus einer seiner Krallen blutete es und sie tat ihm entsetzlich weh.
„So und nun bringt ihn zu den anderen!“, sagte Zwiebart und verließ die Halle.
Die beiden Pralinenzwerge brachten Stachel durch viele Gänge zu einer großen Eisentür. Vor ihr schwebte ein komisches, braunes Wesen.
„Was ist das für ein Wesen?“, fragte Stachel erstaunt.
„Ein Schököädengeist!“, flüsterte Äntön. „Ünd nün sei still!“
Das Tor wurde geöffnet und sie traten in einen Raum mit vielen Gefängniszellen.
„Hier hinein!“, rief Öttö und schubste Stachel in eine Zelle.
Stachel sah sich um. Außer ihm waren noch zwei andere Wesen da: ein dicker Zwerg mit einer Krone aus einer Praline und eine wunderschöne Dame mit langem, blondem Haar.

Name:

1. Kannst du die Fragen zur Geschichte beantworten?
   Kreuze die richtige Antwort an.

Der alte Mann hatte

☐ einen langen, braunen Bart.
☐ einen langen, grauen Bart.
☐ einen langen, schwarzen Bart.

Der alte Mann hieß

☐ Zweibart.
☐ Zwiebarde.
☐ Zwiebart.

Zwiebart zauberte Stachels Füße

☐ zu Schokoladenfüßen.
☐ zu Froschfüßen.
☐ wieder normal.

Das braune Wesen war

☐ ein Schokoladengeist.
☐ eine Schokokusswache.
☐ ein Pralinenzwerg.

Der Schokoladengeist stand vor

☐ einer Schokoladentür.
☐ einer Holztür.
☐ einer Eisentür.

In Stachels Zelle war

☐ ein dünner Zwerg mit einer Pralinenkrone.
☐ ein dicker Zwerg mit einer Bonbonkrone.
☐ ein dicker Zwerg mit einer Pralinenkrone.

In Stachels Zelle war

☐ eine wunderschöne Dame mit langem, schwarzem Haar.
☐ eine wunderschöne Fee mit langem, blondem Haar.
☐ eine wunderschöne Dame mit langem, blondem Haar.

2. Nun war Stachel gefangen! Gemeinsam mit zwei anderen Wesen – einem kleinen, dicken Zwerg mit einer Krone aus einer Praline und einer wunderschönen Dame mit langem, blondem Haar – saß er im Gefängnis von Zauberer Zwiebart. Hast du eine Idee, wie die Geschichte weitergeht? Schreibe deine Vermutungen auf ein Blatt.

☞ *Hefte das Blatt und dein Arbeitsblatt in deinen Stachel-Ordner.*

Name: **14 B**

1. Kannst du die Fragen zur Geschichte beantworten?
   Kreuze die richtige Antwort an.

Der alte Mann hieß

- ☐ Zweibart.
- ☐ Zwiebarde.
- ☐ Zwiebart.

Zwiebart zauberte Stachels Füße

- ☐ zu Schokoladenfüßen.
- ☐ zu Froschfüßen.
- ☐ wieder normal.

Das braune Wesen war

- ☐ ein Schokoladengeist.
- ☐ eine Schokokusswache.
- ☐ ein Pralinenzwerg.

Der Schokoladengeist stand vor

- ☐ einer Schokoladentür.
- ☐ einer Holztür.
- ☐ einer Eisentür.

In Stachels Zelle war

- ☐ ein dünner Zwerg und eine wunderschöne Dame mit langem, blondem Haar.
- ☐ ein dicker Zwerg und eine wunderschöne Dame mit langem, schwarzem Haar.
- ☐ ein dicker Zwerg und eine wunderschöne Dame mit langem, blondem Haar.

2. Nun war Stachel gefangen! Gemeinsam mit zwei anderen Wesen – einem kleinen dicken Zwerg mit einer Krone aus einer Praline und einer wunderschönen Dame mit langem, blondem Haar – saß er im Gefängnis von Zauberer Zwiebart.
   Hast du eine Idee, wie die Geschichte weitergeht?
   Male und schreibe es auf.

☞ *Hefte das Blatt und dein Arbeitsblatt in deinen Stachel-Ordner.*

15. Die Idee

A

„Wer bist dü?“, fragte der dicke Zwerg. „Sö ein kömisches Wesen häbe ich nöch nie im Hönigküchenländ gesehen! Mein Näme ist Xäver und ich bin der König der Prälinenzwerge.“

„Du?“, sagte Stachel. „Ich dachte Zauberer Zwiebart...“

„Er hät mich gefängen genömmen und mein Völk gezwüngen, für ihn zü ärbeiten. Dies hier ist ünsere Mäjestät: Prinzessin Millimee!“, sagte Xäver.

„Prinzessin Millimee!“, rief Stachel erstaunt, „hier bist du und meine Freunde suchen dich in der Burg von Zauber Zwiebart!“

„Wer sucht mich, mein Freund?“, sagte die Prinzessin sanft. „Willst du uns nicht alles von Beginn an erzählen?“

So berichtete Stachel, wie er ins Honigkuchenland gekommen war und was er dort erlebt hatte. Xäver und Millimee hörten ihm aufmerksam zu.

„Oje“, sagte Stachel. „Und nun haben sie mich auch gefangen und unsere Freunde sind weit weg. Wie sollen wir nur von hier fortkommen?“

„Sag mal, Stachel“, unterbrach ihn Millimee, „was sind Drachen eigentlich für Tiere? Können sie etwas Besonderes?“

„Nun“, antwortete Stachel. „Drachen sind schrecklich mutig. Sie essen gern Kuchen in allen Sorten. Wenn sie müde sind, schlafen sie. Wenn sie traurig sind, weinen sie. Wenn sie fröhlich sind, lachen sie und wenn sie wütend sind, dann speien sie Feuer. Nein, so ein Drache wie ich kann leider nichts Besonderes ...“

„Nichts?“, brüllte Xäver vor Freude. Er sprang aufgeregt wie ein Floh in die Luft. „Nichts? Dü bist ünsere Rettüng!“

Stachel betrachtete Xäver mit offenem Mund.

Prinzessin Millimee lächelte ihn an und sagte: „Du bist wirklich unsere Rettung, kleiner Drache. Die Wände hier sind aus Schokolade. Durch große Hitze können sie geschmolzen werden.

Leider ist unsere Zauberkraft in diesem Keller nutzlos. Aber du ...“

„Du meinst, ich soll Feuer speien? Aber Prinzessin, ich habe das noch nie getan. Ich weiß gar nicht, ob ich das kann.“

„Du bist ein Feuer speiender Drache. Nur Mut!“

15. Die Idee

B

„Hallo, ich heiße Stachel!", sagte der Drache.

„Mein Näme ist Xäver und ich bin der König der Prälinenzwerge", sagte der dicke Zwerg. „Zäuberer Zwiebärt hät mich gefängen genömmen und mein Völk gezwüngen, für ihn zü ärbeiten. Dies hier ist Prinzessin Millimee!"

„Hier bist du!", rief Stachel aufgeregt. „Meine Freunde suchen dich in der Burg von Zauber Zwiebart."

„Willst du uns nicht alles von Anfang an erzählen?", fragte die Prinzessin sanft. So berichtete Stachel, wie er ins Honigkuchenland gekommen war und was er dort erlebt hatte. Xäver und Millimee hörten ihm aufmerksam zu.

„Oje!", sagte Stachel zum Ende seiner Erzählung. „Und nun haben sie mich auch gefangen und unsere Freunde sind weit weg. Wie sollen wir nur von hier fortkommen?"

„Sag mal, Stachel", fragte Millimee, „können Drachen etwas Besonderes?"

„Drachen lieben Kuchen!", antwortete Stachel. „Wenn sie müde sind, schlafen sie. Wenn sie traurig sind, weinen sie. Wenn sie fröhlich sind, lachen sie, und wenn sie wütend sind, dann speien sie Feuer. Nein, so ein Drache wie ich kann nichts Besonderes."

„Nichts?", brüllte Xäver vor Freude. Er sprang freudig in die Luft.

„Dü bist ünsere Rettüng!"

Stachel betrachtete Xäver mit offenem Mund. Prinzessin Millimee lächelte ihn an und sagte: „Die Wände hier sind aus Schokolade. Durch große Hitze können sie geschmolzen werden. Leider ist unsere Zauberkraft in diesem Keller nutzlos. Aber du …"

„Du meinst, ich soll Feuer speien? Aber das habe ich noch nie getan!"

„Du bist ein Drache. Diese Fähigkeit ist dir angeboren! Nur Mut!"

Name: **15 A**

1. Kannst du die Fragen zur Geschichte beantworten?
   Löse das Kreuzworträtsel.

   senkrecht:

   1. Wie hieß der König der Pralinenzwerge?
   2. Millimee war eine ______________________.
   3. Stachels ______________________ suchten Millimee.
   4. Was speien Drachen?

   waagerecht:

   5. Was war Stachel für Millimee und den König der Pralinenzwerge? Er war ihre ____________________.
   6. Woraus waren die Wände des Gefängnisses?
   7. Durch große __________________ konnten die Wände des Gefängnisses geschmolzen werden.
   8. Was hatten Millimee und Xäver im Keller nicht?

2. Wird Stachel sich mit seinen neuen Freunden aus dem Gefängnis befreien können?
   Suche dir zwei Partner. Entscheidet, wer Stachel, Prinzessin Millimee und Xäver spielen möchte.
   Überlegt euch gemeinsam, wie die Geschichte weitergehen könnte und spielt sie euren Klassenkameraden vor.

☞ *Heftet eure Arbeitsblätter in eure Stachel-Ordner.*

Name: **15 A**

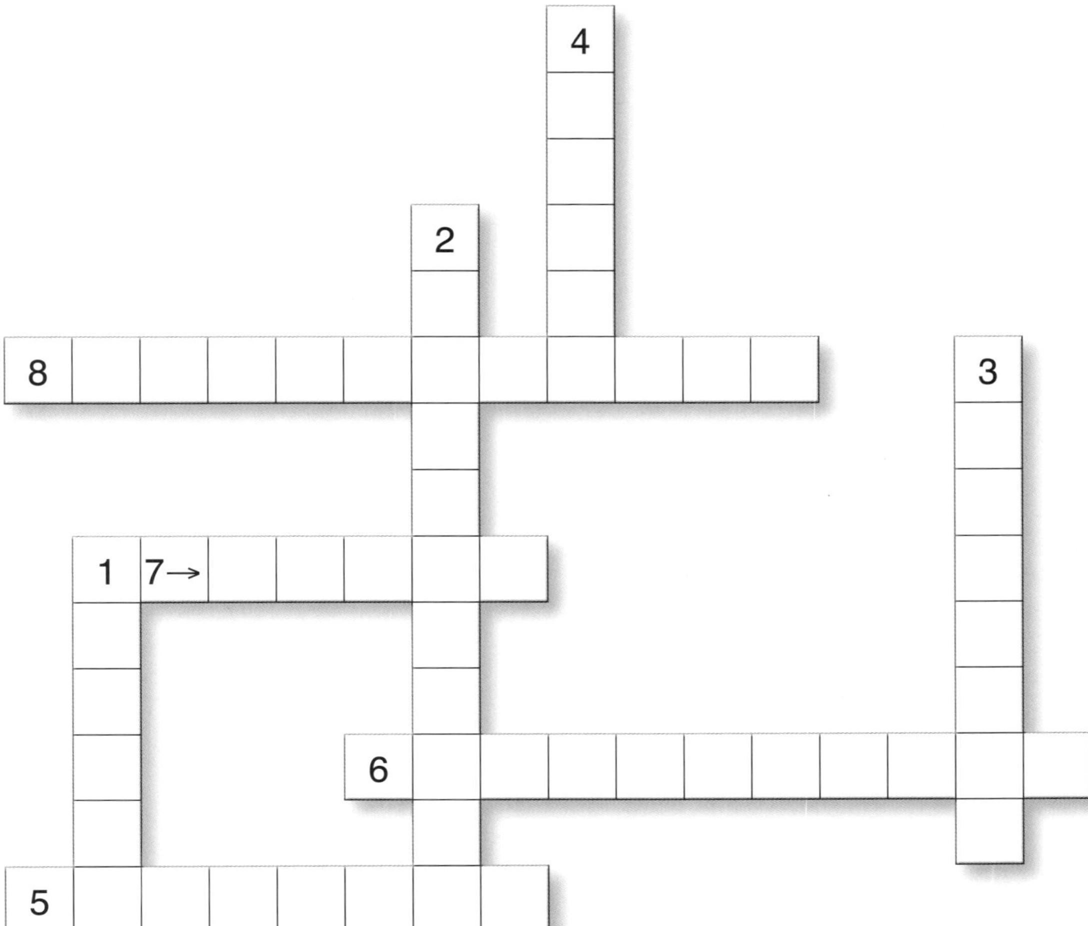

Diese Wörter werden gesucht:

ZAUBERKRAFT, PRINZESSIN, RETTUNG, XÄVER, FEUER, FREUNDE, SCHOKOLADE, HITZE

(Umlaute bleiben Umlaute!)

1. Setze die fehlenden Wörter ein.

In der Zelle traf Stachel ____________________, den König der Pralinenzwerge

und ________________________________ Millimee.

Er erzählte ihnen, dass seine _____________________ Millimee suchten.

Leider besaßen der König der Pralinenzwerge und Millimee im Keller

keine ____.

Doch Stachel war ihre _______________________.

Als Drache konnte er ____________________ speien. Die Wände der Zelle

waren aus ___________________________________.

Durch große ____________________ konnten sie

geschmolzen werden.

Wird Stachel das schaffen?

Zauberkraft, Prinzessin, Rettung, Xäver, Feuer, Freunde, Schokolade, Hitze

2. Wird Stachel sich und seine neuen Freunde aus dem Gefängnis befreien können?
   Suche dir zwei Partner. Entscheidet, wer Stachel, Prinzessin Millimee und Xäver spielen möchte.
   Überlegt euch gemeinsam, wie die Geschichte weitergehen könnte und spielt sie euren Klassenkameraden vor.

☞ *Heftet euer Arbeitsblatt in eure Stachel-Ordner.*

16. Die Flucht

A

Xäver und Millimee zeigten Stachel die Stelle in der Wand, die besonders günstig für ihre Flucht war.
Stachel zitterten die Knie. Was würden sie nur tun, wenn er es nicht schaffte?!
Doch dann sah er die Prinzessin lächeln und sein Mut kam zurück. Er holte tief Luft und pustete durch seine Nüstern.
Zuerst kam nur ein kleiner, dünner Streifen Rauch zum Vorschein. Er probierte es jedoch immer wieder. Auf einmal war ein leichtes Glühen zu sehen und endlich ein kleiner Feuerstrahl.
„Du schaffst es, kleiner Drache!“, rief die Prinzessin.
Stachel wurde rot vor Freude.
Nochmals holte er tief Luft und eine riesige Flamme kam aus seinen Nüstern.
Die Wand vor ihnen schmolz dahin.
Ehe die drei sich versahen, standen sie in einem Fluss von Schokolade.

„Schnell, weg hier, bevör üns die Schökölädengeister entdecken!“, rief Xäver aufgeregt.
Sie rannten durch das Loch in der Wand. Es führte in einen der Gänge.
Sie rannten ihn hinauf. Mit der Zeit wurde er immer steiler und Stachel konnte kaum noch mit den anderen mithalten.
Das Feuerspeien und das schnelle Rennen hatten ihn sehr erschöpft.
Plötzlich jedoch blieb Xäver stehen. „Psst!“, flüsterte er. „Hört ihr däs?“
Millimee und Stachel lauschten. Tatsächlich, aus der Ferne hörten sie lautes, aufgeregtes Geschrei. Die Freunde schlichen vorsichtig weiter. Der Gang endete in der Halle, in der Stachel den Zauberer Zwiebart das erste Mal gesehen hatte.
Sie spähten hinein. Stachel hätte vor Freude und Überraschung fast geschrien.
Auf dem großen Schokoladenthron saß Zwiebart mit griesgrämigem Gesicht.
Um ihn herum standen Stachels Freunde: Gustaf, Naseweis, Bongo, Lutschbon, Kakalo, Arabella, Lakritza und Hauptmann Quasselkopf.
Sie sahen jedoch nicht so aus, als wollten sie einen Kaffeeklatsch mit dem Zauberer halten.

16. Die Flucht

B

Xäver und Millimee zeigten Stachel eine Stelle in der Wand.
Dem Drachen zitterten die Knie. Er holte tief Luft und pustete durch seine Nüstern. Zuerst kam nur ein kleiner, dünner Streifen Rauch zum Vorschein.
Stachel probierte es wieder. Auf einmal war ein leichtes Glühen zu sehen.
Dann kam endlich ein kleiner Feuerstrahl.
„Du schaffst es, kleiner Drache!“, rief die Prinzessin.
Nochmals holte Stachel tief Luft. Eine riesige Flamme kam aus seinen Nüstern.
Die Wand vor ihnen schmolz. Ehe die drei sich versahen, standen sie in einem Fluss von Schokolade.
„Weg hier, bevor uns die Schokoladengeister entdecken!“, rief Xäver aufgeregt.
Alle drei rannten sie durch das Loch in der Wand. Es führte in einen der Gänge.
Sie rannten ihn hinauf.
Mit der Zeit wurde er immer steiler. Stachel kam kaum hinter den anderen her.
Das Feuerspeien hatte ihn sehr erschöpft.
Plötzlich blieb Xäver stehen.
„Hört ihr däs?“, flüsterte er.
Millimee und Stachel lauschten.
Aus der Ferne hörten sie lautes, aufgeregtes Geschrei.
Was war da los?
Die drei Freunde schlichen vorsichtig weiter.

Der Gang endete in der großen Königshalle. Sie schauten hinein.
Fast hätte Stachel vor Freude geschrien. Auf dem großen Schokoladenthron saß Zwiebart mit bösem Gesicht. Um ihn herum standen Stachels Freunde: Gustaf, Naseweis, Bongo, Lutschbon, Kakalo, Arabella, Lakritza und Hauptmann Quasselkopf.
Sie sahen den Zauberer nicht sehr freundlich an.

Name: 16 A

1. Kannst du die Fragen zur Geschichte beantworten?
   Kreuze die richtige Antwort an.

Stachel war sehr aufgeregt.

- ☐ Ihm zitterten die Hände.
- ☐ Ihm zitterten die Füße.
- ☐ Ihm zitterten die Knie.

Zuerst kam nur ein

- ☐ kleiner, dünner Streifen Rauch.
- ☐ kleiner, dicker Streifen Rauch.
- ☐ kleiner, dünner Streifen Bauch.

Die Wand schmolz und sie standen

- ☐ in einem Fluss von Wasser.
- ☐ in einem Fluss von Schokolade.
- ☐ in einem Fluss von Milch.

Sie liefen schnell weg, damit

- ☐ die Schokoladengeister sie nicht entdeckten.
- ☐ Äntön und Öttö sie nicht entdeckten.
- ☐ sie niemand sah.

Sie rannten

- ☐ einen Gang hinunter.
- ☐ einen Gang hinab.
- ☐ einen Gang hinauf.

Plötzlich hörten sie

- ☐ lautes, aufgeregtes Gerede.
- ☐ lautes, aufgeregtes Geschrei.
- ☐ lautes, aufgeregtes Getuschel.

Stachel hätte vor Freude fast

- ☐ geweint.
- ☐ gelacht.
- ☐ geschrien.

Auf dem großen Schokoladenthron

- ☐ saß Gustaf.
- ☐ saß Naseweis.
- ☐ saß Zauberer Zwiebart.

2. Stachel, Xäver und Millimee hörten lautes, aufgeregtes Geschrei.
   Das waren Stachels Freunde und der Zauberer Zwiebart. Sie stritten sich.
   Suche dir einen Partner.
   Überlegt, wer für Zwiebart und wer für einen Freund von Stachel redet.

☞ *Hefte das Arbeitsblatt in deinen Stachel-Ordner.*

Name: **16 B**

1. Kannst du die Fragen zur Geschichte beantworten?
   Kreuze die richtige Antwort an.

Stachel war aufgeregt.

- ☐ Ihm zitterten die Hände.
- ☐ Ihm zitterten die Füße.
- ☐ Ihm zitterten die Knie.

Zuerst kam nur ein

- ☐ kleiner, dünner Streifen Rauch.
- ☐ kleiner, dicker Streifen Rauch.
- ☐ kleiner, dünner Streifen Bauch.

Sie rannten

- ☐ einen Gang hinunter.
- ☐ einen Gang hinab.
- ☐ einen Gang hinauf.

Plötzlich hörten sie

- ☐ lautes, aufgeregtes Gerede.
- ☐ lautes, aufgeregtes Geschrei.
- ☐ lautes, aufgeregtes Getuschel.

Stachel hätte vor Freude fast

- ☐ geweint.
- ☐ gelacht.
- ☐ geschrien.

Auf dem großen Schokoladenthron

- ☐ saß Gustaf.
- ☐ saß Naseweis.
- ☐ saß Zauberer Zwiebart.

2. Stachel, Xäver und Millimee hörten lautes, aufgeregtes Geschrei.
   Das waren Stachels Freunde und der Zauberer Zwiebart.
   Sie stritten sich.
   Suche dir einen Partner. Überlegt, wer für Zwiebart und wer für einen Freund von Stachel reden könnte. Malt eure gewählte Figur und Zwiebart mit Sprechblasen auf ein Blatt und schreibt hinein, was sie miteinander reden.

☞ *Hefte das Blatt und dein Arbeitsblatt in deinen Stachel-Ordner.*

17. Der neue Herrscher des Honigkuchenlandes A

„Ihr könnt mich nicht besiegen!“, rief Zauberer Zwiebart laut und sprang auf. Seine Augen funkelten böse. „Prinzessin Millimee ist in meiner Macht! Keiner im Honigkuchenland hat so viel Zauberkraft wie ich!“
„Du irrst dich!“, sagte Kakalo. „Wenn wir uns alle zusammenschließen, dann ...“
„Dann passiert gar nichts, du Dummkopf!“, entgegnete ihm der Zauberer.
„Schau dir die Pralinenzwerge an. Auch sie können zaubern und es sind viele. Eigentlich hätten sie jeden Grund, mich von hier zu vertreiben: Ich habe Xäver, ihren König, gefangen und sie müssen für mich schuften!“
„Das stimmt!“, rief Arabella erschrocken. „Wieso wehrt ihr euch nicht?“, fragte sie die zwei Pralinenzwerge.
Stachel konnte erkennen, dass es sich um Äntön und Öttö handelte.
Zitternd und ängstlich starrten sie Zwiebart an.
„Los, Zwerge, sagt es den Dummköpfen!“, lachte der Zauberer.
„Er hät einen Zäuberbännkreis üm sich herüm!“, antwortete Öttö.
„Einen was?“, fragte Gustaf. Er verstand die Pralinenzwergen-Sprache nicht.
„Einen Zauberbannkreis!“, erklärte Lakritza.
„Niemänd äußer der Prinzessin känn ihn dürchbrechen!“, schluchzte nun Äntön.
Dicke Tränen kullerten aus seinen Augen.
„So ist es!“, rief der Zauber. „Ich bin nun der Herrscher des Honigkuchenlandes! Ihr alle werdet nun tun, was ich verlange!“
„Nicht so voreilig, Zwiebart!“, hörte Stachel da Prinzessin Millimees feine Stimme durch die Halle schallen. Ehe der Zauberer sich versah, murmelte sie einen Zauberspruch. Helle, gelbe Sterne blitzten auf und umkreisten Zwiebart. Der Zauberbannkreis war durchbrochen.

17. Der neue Herrscher des Honigkuchenlandes B

„Ihr könnt mich nicht besiegen!“, rief Zauberer Zwiebart laut und sprang auf. Seine Augen funkelten böse. „Die Prinzessin Millimee ist in meiner Macht! Keiner im Honigkuchenland hat so viel Zauberkraft wie ich.“

Kakalo wollte widersprechen.

Der Zauberer unterbrach ihn: „Du Dummkopf, schau dir die Pralinenzwerge an. Auch sie können zaubern und es sind viele. Eigentlich hätten sie jeden Grund mich von hier zu vertreiben: Ich habe Xäver, ihren König, gefangen und sie müssen für mich schuften!“

„Das stimmt!“, rief Arabella erschrocken. „Wieso wehrt ihr euch nicht?“, fragte sie die zwei Zwerge. Stachel konnte erkennen, dass es Äntön und Öttö waren.

„Er hät einen Zäuberbännkreis üm sich herüm!“, antwortete Öttö.

„Einen was?“, fragte Gustaf. Er verstand die Pralinenzwergen-Sprache nicht.

„Einen Zauberbannkreis!“, erklärte Lakritza.

„Niemänd äußer der Prinzessin känn ihn dürchbrechen!“, sagte Äntön traurig und weinte dicke Tränen.

„So ist es!“, rief der Zauber. „Ich bin nun der Herrscher des Honigkuchenlandes! Ihr alle werdet nun tun, was ich verlange!“

„Nicht so schnell, Zwiebart!“, hörte Stachel da Prinzessin Millimees feine Stimme. Ehe der Zauberer sich versah, murmelte Millimee einen Zauberspruch. Helle, gelbe Sterne blitzten auf und umkreisten Zwiebart. Der Zauberbannkreis war durchbrochen.

Name: **17 A**

1. Findest du die Lösungswörter?

Wie nannte Zauberer Zwiebart Kakalo?

einen	1							

Wer musste für Zauberer Zwiebart schuften?

die			5											

Was hatte Zwiebart um sich herum aufgebaut?

einen							4								

Wer verstand die Sprache der Pralinenzwerge nicht?

			7		

Wer allein konnte Zwiebarts Zauberbannkreis durchbrechen?

Prinzessin								2

Wer dachte, er sei der neue Herrscher des Honigkuchenlandes?

															3	

Was umkreiste Zwiebart nach Millimees Zauberspruch?

Helle, gelbe				6		

Lösungswörter:	1	2	3		4	5	6	7

Der Name des nächsten Kapitels (Umlaute bleiben Umlaute!)

2. Prinzessin Millimee murmelte einen Zauberspruch.
   Helle, gelbe Sterne blitzten auf und umkreisten Zauberer Zwiebart.
   Der Zauberbannkreis war durchbrochen.
   Schreibe Prinzessin Millimees Zauberspruch auf.
   Er sollte aus mindestens
   vier Sätzen bestehen.
   Wenn du willst,
   kannst du Reime bilden.

☞ *Hefte dein Blatt und dein Arbeitsblatt in deinen Stachel-Ordner.*

Name: **17 B**

1. Kreise den Buchstaben neben deiner gewählten Aufgabe ein.
Schreibe die Buchstaben in die unteren Kästchen.
Findest du das Lösungswort?

1. Was hatte Zwiebart um sich herum aufgebaut?

- ☐ einen Zauberzaun ☞ D
- ☐ eine Zaubergrenze ☞ N
- ☐ einen Zauberbannkreis ☞ B

2. Wer dachte, er sei der Herrscher des Honigkuchenlandes?

- ☐ Millimee ☞ R
- ☐ Xäver ☞ D
- ☐ Zwiebart ☞ A

3. Wer musste für Zauberer Zwiebart schuften?

- ☐ Xäver ☞ O
- ☐ die Pralinenzwerge ☞ R
- ☐ Stachels Freunde ☞ U

4. Wer verstand die Sprache der Pralinenzwerge nicht?

- ☐ Gustaf ☞ T
- ☐ Stachel ☞ G
- ☐ Naseweis ☞ O

Das **Lösungswort** verrät dir den Namen des nächsten Kapitels:

D	E	R		1	2	3	4

2. Prinzessin Millimee murmelte einen Zauberspruch.
Helle, gelbe Sterne blitzten auf und umkreisten Zauberer Zwiebart.
Der Zauberbannkreis war durchbrochen.
Schreibe Prinzessin Millimees Zauberspruch auf.
Er sollte aus mindestens zwei Sätzen bestehen.
Wenn du willst, kannst du Reime bilden.

☞ *Hefte dein Blatt und dein Arbeitsblatt in deinen Stachel-Ordner.*

18. Der Bart

A

Obwohl alle in der Halle überrascht waren von dem plötzlichen Erscheinen der Prinzessin, reagierten sie sofort: Arabella spritzte einen Bach von Milch auf Zwiebart. Er fiel wie ein Käfer auf den Rücken. Lutschbon beschoss ihn mit bunten Bonbons. Kakalo besprengte ihn mit Kakao. Er war nun so braun wie Quasselkopf. Lakritza schoss mit Lakritzseilen auf den Zauberer und fesselte ihn.
„Genug, meine Freunde!“, rief Millimee. „Ich denke, für das Erste reicht das!“
„Quätsch!“, rief da Xäver. „Dieser verbrännte Keks hät nichts änderes verdient!“
Zauberer Zwiebart lag stöhnend auf dem Boden der Halle. Er war verschnürt wie ein Päckchen. Nur sein Gesicht mit seinem langen, grauen Bart schaute aus den Lakritzseilen heraus. Seine Augen funkelten böse.

„Kann er wirklich nichts mehr ausrichten?“, fragte Stachel vorsichtig. „Schließlich ist er ja ein Zauberer!“
„Stachel!“, rief Gustaf erfreut und fiel Stachel um den Hals. „Da bist du ja – gesund und munter. Ich habe mir solche Sorgen gemacht!“
„Dein Freund war unsere Rettung, Gustaf!“, sagte Millimee. „Er hat mich und Xäver aus dem Gefängnis befreit!“ Alle starrten Stachel an.
„Dü?“, sagten Äntön und Öttö gleichzeitig. Stachel wurde rot vor Verlegenheit und Stolz.
„Ja“, erklärte er. „Aber eigentlich war es gar nicht meine Idee!“ Und er erzählte, wie sie aus dem Gefängnis herausgekommen waren.
Niemand achtete auf Zwiebart. Ganz ruhig lag er am Boden und beobachtete die Freunde. Plötzlich begann sein Bart zu zucken. Er schwebte höher und höher und zog den Zauberer langsam mit sich.

18. Der Bart

B

Die Freunde stürzten sich sofort auf den Zauberer.
Arabella spritzte einen Bach Milch auf Zwiebart.
Er fiel wie ein Käfer auf den Rücken.
Lutschbon beschoss ihn mit bunten Bonbons. Kakalo besprengte ihn mit Kakao.
Er war nun so braun wie Quasselkopf.
Lakritza schoss mit Lakritzseilen auf den Zauberer und fesselte ihn.
„Genug, meine Freunde!“, rief Millimee. Der böse Zauberer lag stöhnend auf dem Boden der Halle. Nur sein Gesicht mit seinem langen, grauen Bart schaute aus den Lakritzseilen heraus. Seine Augen funkelten böse.

„Stachel!“, rief Gustaf erfreut. Er hatte seinen Freund erkannt und fiel ihm um den Hals. „Ich habe mir solche Sorgen gemacht!“
„Dein Freund war unsere Rettung, Gustaf!“, sagte Millimee. „Er hat mich und Xäver aus dem Gefängnis befreit!“
Alle starrten Stachel an.
„Dü?“, sagten Äntön und Öttö gleichzeitig.
Stachel wurde rot vor Stolz. Er erzählte, wie sie aus dem Gefängnis herausgekommen waren.
Niemand achtete auf Zwiebart. Ganz ruhig lag er am Boden und schaute zu den Freunden. Plötzlich begann sein Bart zu zucken. Er schwebte höher und höher und zog den Zauberer langsam mit sich.

Name: 18 A

1. Kannst du die Fragen zur Geschichte beantworten?
   Kreuze die richtige Antwort an.

Zauberer Zwiebart fiel auf den Rücken wie

- ☐ eine Raupe.
- ☐ eine Fliege.
- ☐ ein Käfer.

Lutschbon beschoss Zwiebart

- ☐ mit großen Bonbons.
- ☐ mit bunten Bonbons.
- ☐ mit kleinen Bonbons.

Was machte Lakritza?

- ☐ Sie fesselte Zwiebart.
- ☐ Sie kitzelte Zwiebart.
- ☐ Sie verzauberte Zwiebart.

Der Zauberer lag

- ☐ weinend auf dem Boden.
- ☐ wütend auf dem Boden.
- ☐ stöhnend auf dem Boden.

Wer hatte sich Sorgen um Stachel gemacht?

- ☐ Naseweis
- ☐ Gustaf
- ☐ die alte Dame

Stachel wurde vor Stolz

- ☐ lila.
- ☐ rosa.
- ☐ rot.

Was zuckte am Zauberer?

- ☐ sein Bart
- ☐ sein Bein
- ☐ sein Bauch

Wen zog der Bart mit sich?

- ☐ Gustaf
- ☐ Naseweis
- ☐ Zauberer Zwiebart

2. Niemand achtete auf Zwiebart. Ganz ruhig lag er am Boden und beobachtete die Freunde. Plötzlich begann sein Bart zu zucken. Dann bewegte er sich ganz langsam in die Höhe. Er schwebte höher und höher und zog den Zauberer langsam mit sich.
   Hast du eine Idee, wie die Geschichte weitergeht?
   Schreibe deine Vermutungen auf ein Blatt.

☞ *Hefte das Blatt und dein Arbeitsblatt in deinen Stachel-Ordner.*

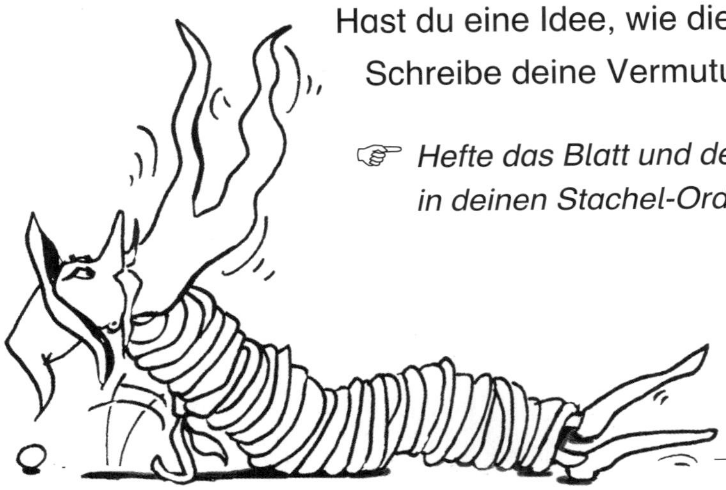

1. Kannst du die Fragen zur Geschichte beantworten?
   Kreuze die richtige Antwort an.

Zauberer Zwiebart fiel auf den Rücken

- ☐ wie eine Raupe.
- ☐ wie eine Fliege.
- ☐ wie ein Käfer.

Lutschbon beschoss Zwiebart

- ☐ mit großen Bonbons.
- ☐ mit bunten Bonbons.
- ☐ mit kleinen Bonbons.

Was machte Lakritza?

- ☐ Sie fesselte Zwiebart.
- ☐ Sie kitzelte Zwiebart.
- ☐ Sie verzauberte Zwiebart.

Der Zauberer lag

- ☐ weinend auf dem Boden.
- ☐ wütend auf dem Boden.
- ☐ stöhnend auf dem Boden.

Stachel wurde vor Stolz

- ☐ lila.
- ☐ rosa.
- ☐ rot.

Wen zog der Bart mit sich?

- ☐ Gustaf
- ☐ Naseweis
- ☐ Zauberer Zwiebart

2. Niemand achtete auf Zwiebart. Ganz ruhig lag er am Boden und beobachtete die Freunde. Plötzlich begann sein Bart zu zucken. Dann bewegte er sich ganz langsam in die Höhe. Er schwebte höher und höher und zog den Zauberer langsam mit sich.
   Hast du eine Idee, wie die Geschichte weitergeht?
   Male und schreibe es auf.

☞ *Hefte das Blatt und dein Arbeitsblatt in deinen Stachel-Ordner.*

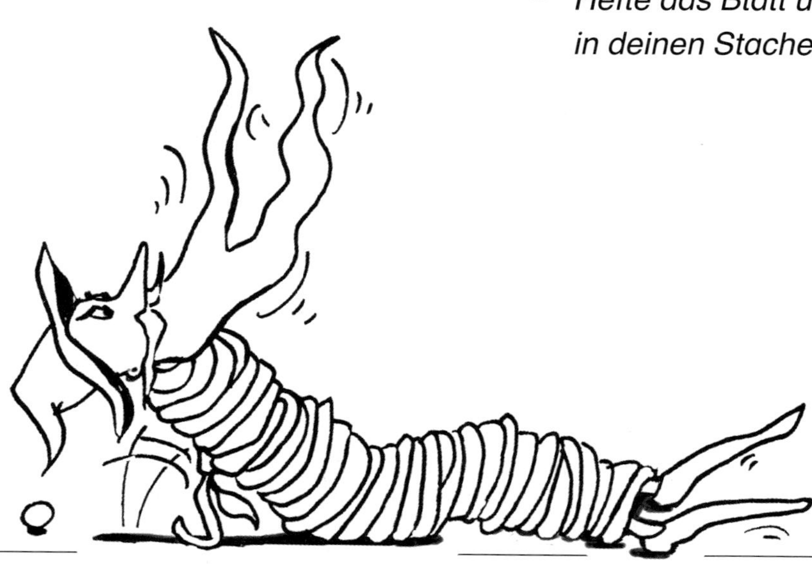

19. Der Held

A

„Und dann habe ich Feuer gespuckt!“, erzählte Stachel.
Seine Freunde hatten ihm aufmerksam zugehört. Nun aber unterbrach ihn Gustaf.
„Du hast Feuer gespuckt?“, rief er erstaunt. „Das glaube ich nicht!“
„Es ist aber so!“, entgegnete Stachel. „Ich kann wirklich Feuer speien. Schau her!“
Er drehte sich um und eine riesige Flamme schoss aus seinen Nüstern.
Kurz darauf hörten sie einen lauten Schrei. Dann vernahmen sie ein Wimmern.
Als der Rauch sich etwas verzogen hatte, staunten die Freunde: Am Ausgang der Halle saß eine dünne Gestalt in geblümten Unterhosen. Sie hatte eine lange, spitze Nase, böse Augen und weder Haare auf dem Kopf noch im Gesicht.
„Wer ist däs?“, fragte Änton laut. „Sö ein Wesen häbe ich nöch nie gesehen!“
„Ich glaube“, sagte Hauptmann Quasselkopf. „Ich glaube, es ist Zauberer Zwiebart in Unterhosen und ohne Haare und Bart!“
Alle schauten erschrocken auf die Stelle, an der der Zauberer noch vor kurzer Zeit gelegen hatte. Dann schauten sie zur Tür.

„Er wöllte fliehen! – Böngö, klebe ihn äm Böden fest!“, rief Xäver entrüstet.
„Nein, bitte nicht!“, schrie da Zwiebart ängstlich. „Ich kann nicht mehr zaubern! Dieses Feuertier dort hat mir meine Zauberkraft genommen!“
„Ich?“, rief Stachel erstaunt. Alle blickten erstaunt zu dem Drachen.
„Der Bart!“, sagte Millimee nachdenklich. „Der Bart hat ihm die Zauberkraft gegeben. Je länger er wurde, desto besser konnte er zaubern!“
Der Zauberer nickte und schluchzte.
„Kleiner Drache“, sagte Millimee, „du hast das Honigkuchenland ein zweites Mal gerettet. Nun wissen wir endlich, wie wir uns vor dem Zauberer schützen können. Du bist ein Held!“

„Und dann habe ich Feuer gespuckt!“, erzählte Stachel.
„Du hast Feuer gespuckt?“, unterbrach ihn Gustaf. „Das glaube ich nicht!“
„Es ist aber so!“, entgegnete Stachel. „Ich kann wirklich Feuer speien. Schau her!“
Und ehe sich die Freunde versahen, drehte Stachel sich um, schloss die Augen, holte Luft und pustete. Eine riesige Flamme schoss aus seinen Nüstern.
Dann hörten sie ein Wimmern. Am Ausgang der Halle saß eine dünne Gestalt in geblümten Unterhosen. Sie hatte eine lange, spitze Nase, böse Augen und weder Haare auf dem Kopf noch im Gesicht.
„Wer ist däs?“, fragte Änton laut. „Sö ein Wesen häbe ich nöch nie gesehen!“
„Ich glaube, es ist Zauberer Zwiebart in Unterhosen und ohne Haare und Bart!“, sagte Hauptmann Quasselkopf.

„Er wöllte fliehen! – Böngö, klebe ihn äm Böden fest!“, rief Xäver entrüstet.
„Nein, bitte nicht!“, schrie da Zwiebart ängstlich.
„Ich kann nicht mehr zaubern! Dieses Feuertier dort hat mir meine Zauberkraft genommen!“
Alle blickten erstaunt zu dem Drachen.
„Der Bart!“, sagte Millimee. „Der Bart hat ihm die Zauberkraft gegeben. Je länger er wurde, desto besser konnte er zaubern!“
Der Zauberer nickte und schluchzte.
„Kleiner Drache“, sagte Millimee, „du hast das Honigkuchenland ein zweites Mal gerettet. Nun wissen wir endlich, wie wir uns vor dem Zauberer schützen können. Du bist ein Held!“

Name: **19 A**

1. Kannst du die Fragen zur Geschichte beantworten?
   Kreuze die richtige Antwort an.

Gustaf glaubte Stachel nicht,

☐ dass er Millimee befreit hatte.
☐ dass er Feuer gespuckt hatte.
☐ dass er im Gefängnis gewesen war.

Nach Stachels Flamme hörten die Freunde

☐ einen lauten Schrei.
☐ einen lauten Ruf.
☐ ein lautes Stöhnen.

Die dünne Gestalt hatte

☐ gestreifte Unterhosen.
☐ geringelte Unterhosen.
☐ geblümte Unterhosen.

Die Gestalt hatte

☐ keine Haare auf dem Kopf und im Gesicht.
☐ viele Haare im Gesicht.
☐ viele Haare auf dem Kopf.

Die Gestalt war

☐ ein Drache.
☐ Zauberer Zwiebart.
☐ die alte Dame.

Was hatte Stachel dem Zauberer genommen?

☐ seine Unterhose
☐ seinen Zauberstab
☐ seine Zauberkraft

Was hatte dem Zauberer Kraft zum Zaubern gegeben?

☐ sein Bart
☐ seine Haare
☐ seine Unterhose

Was war Stachel nun?

☐ ein Retter
☐ ein Ritter
☐ ein Held

2. Male Zauberer Zwiebart nach der Beschreibung in der Geschichte. Zeichne ihm eine Denkblase und schreibe hinein, wie er sich nun fühlt.

☞ *Hefte das Blatt und dein Arbeitsblatt in deinen Stachel-Ordner.*

1. Kannst du die Fragen zur Geschichte beantworten?
   Kreuze die richtige Antwort an.

Nach Stachels Flamme hörten die Freunde

- ☐ einen lauten Schrei.
- ☐ einen lauten Ruf.
- ☐ ein lautes Stöhnen.

Die dünne Gestalt hatte

- ☐ gestreifte Unterhosen.
- ☐ geringelte Unterhosen.
- ☐ geblümte Unterhosen.

Die Gestalt war

- ☐ ein Drache.
- ☐ Zauberer Zwiebart.
- ☐ die alte Dame.

Was hatte Stachel dem Zauberer genommen?

- ☐ seine Unterhose
- ☐ seinen Zauberstab
- ☐ seine Zauberkraft

Was hatte dem Zauberer Kraft zum Zaubern gegeben?

- ☐ sein Bart
- ☐ seine Haare
- ☐ seine Unterhose

Was war Stachel nun?

- ☐ ein Retter
- ☐ ein Ritter
- ☐ ein Held

2. Male Zauberer Zwiebart nach der Beschreibung in der Geschichte.
   Zeichne ihm eine Denkblase und schreibe hinein, wie er sich nun fühlt.

☞ *Hefte das Blatt und dein Arbeitsblatt in deinen Stachel-Ordner.*

20. Der riesengroße Schokoladenkuchen A

Lauter Jubel schallte durch die Halle. Stachel wurde in die Höhe gehoben und durch die Halle getragen.
„Genug!“, rief die Prinzessin lachend. „Komm her, kleiner Drache!“
Sie lächelte ihn freundlich an. „Du hast uns von Zauberer Zwiebart befreit. Das war eine große Heldentat! Aus diesem Grund darfst du dir etwas wünschen!“
Stachel überlegte nicht lange. „Ich bin hierher gekommen, um Kuchen zu essen. Bisher aber habe ich davon noch nichts essen können, nur fürchterliche Pralinen.“
„Wäs?“, unterbrach ihn Xäver. „Noch nie hät einer gesägt, däss meine Prälinen fürchterlich sind!“
Die Prinzessin erwiderte: „Er hat die Pralinen bestimmt vom Baum gepflückt!“
„Däs ist jä nöch schlimmer!“ Xäver wurde rot vor Wut.
Die Prinzessin beruhigte ihn. „Hätte er das nicht getan, dann wärst du noch heute im Gefängnis und Zwiebart Herrscher über das Honigkuchenland.“
„Jä, jä, schön güt!“, antwortete Xäver. „Es tüt mir leid. Ich werde dir die besten Prälinen geben. Dänn wirst dü nie wieder über meine Prälinen schimpfen!“
„Nun, Stachel“, sagte Millimee, „was wünscht du dir?“
„Ich wünsche mir einen riesengroßen Schokoladenkuchen!“, entgegnete Stachel.
„Den sollst du haben, kleiner Drache“, lachte die Prinzessin.
„Wir feiern ein großes Fest, an dem du alle Leckereien probieren kannst und ich werde dich zum Einwohner unseres Landes machen.
So kannst du deine Freunde jederzeit besuchen. Feuer speiende Drachen gibt es hier noch nicht!“ Es wurde das schönste Fest, das je im Honigkuchenland gefeiert worden war.
Während Stachel sich seinen Bauch voller Schokokuchen rieb, dachte er daran, dass er das alles der alten Dame erzählen musste. Wie würde sie staunen!

20. Der riesengroße Schokoladenkuchen B

Lauter Jubel schallte durch die Halle.
„Komm her, kleiner Drache!“, sagte die Prinzessin. Sie lächelte ihn freundlich an. „Du hast uns von Zauberer Zwiebart befreit. Das war eine große Heldentat! Aus diesem Grund darfst du dir etwas wünschen!“
Stachel überlegte nicht lange. „Ich bin ins Honigkuchenland gekommen, um Kuchen zu essen. Leider habe ich davon noch nichts essen können, nur fürchterliche Pralinen.“
„Wäs?“, unterbrach ihn Xäver. „Däs hät noch nie einer gesägt, däss meine Prälinen fürchterlich sind!“ Xäver wurde rot vor Wut.
Die Prinzessin erwiderte: „Er hat die Pralinen bestimmt vom Baum gepflückt!“
„Däs ist jä nöch schlimmer!“, rief Xäver wütend.
Doch die Prinzessin beruhigte ihn. „Hätte er das nicht getan, dann wäre Zwiebart Herrscher über das Honigkuchenland.“
„Jä, jä, schön güt!“, sagte Xäver: „Ich werde dir die besten Prälinen geben. Dänn wirst dü nie wieder über meine Prälinen schimpfen!“
„Nun, Stachel“, sagte Millimee, „was wünscht du dir?“
„Einen riesengroßen Schokoladenkuchen!“, entgegnete Stachel.
„Den sollst du haben, kleiner Drache“, sagte die Prinzessin. „Wir werden ein großes Fest feiern und ich werde dich zum Einwohner unseres Landes machen. Feuer speiende Drachen gibt es hier noch nicht!“
Stachel war sehr glücklich. Es wurde das schönste Fest, das je im Honigkuchenland gefeiert worden war. Stachel bekam einen dicken Bauch von dem vielen Schokoladenkuchen. Glücklich und zufrieden dachte er, dass er alles der alten Dame erzählen musste. Wie würde sie staunen!

Name:

1. Puzzle: Der riesengroße Schokoladenkuchen

a) Schneide die Puzzleteile aus.

b) Lies dir die Fragen gut durch.

c) Jede Antwort hat eine Zahl. Lege das Puzzleteil mit der gleichen Zahl auf die richtige Antwort. Wenn du alles richtig gemacht hast, kannst du zum Schluss ein Bild sehen.

Was schallte durch die Halle? ▸ Jubel (1) ▸ Trubel (3)	**Stachel wurde** ▸ hochgehoben. (2) ▸ hochgeworfen. (3)	**Wie fand Stachel die Pralinen der Pralinenzwerge?** ▸ schrecklich (2) ▸ fürchterlich (4)
Xäver wurde rot vor ▸ Verlegenheit. (2) ▸ Wut. (3)	**Was wollte Xäver Stachel geben?** ▸ die schlechtesten Pralinen (8) ▸ die besten Pralinen (5)	**Was wünschte sich Stachel?** ▸ Schokoladenkuchen (6) ▸ Pralinen (7)
Was wurde Stachel im Honigkuchenland? ▸ König (9) ▸ Einwohner (7)	**Was gab es im Honigkuchenland nicht?** ▸ einen Schokodrachen.(6) ▸ einen Feuer speienden Drachen (8)	**Wem wollte Stachel seine Erlebnisse berichten?** ▸ der alten Dame (9) ▸ einem Reporter (4)

2. Suche dir einen Partner. Entscheidet, wer Stachel und die alte Dame spielen möchte. Überlegt euch, was Stachel bei seiner Rückkehr der alten Dame erzählen könnte und was sie fragt oder antwortet.

☞ *Spielt das Gespräch euren Klassenkameraden vor.*
Heftet eure Arbeitsblätter in eure Stachel-Ordner.

1. Puzzle Naseweis
a) Schneide die Puzzleteile aus.
b) Lies dir die Fragen gut durch.
c) Jede Antwort hat eine Zahl. Lege das Puzzleteil mit der gleichen Zahl auf die richtige Antwort. Wenn du alles richtig gemacht hast, kannst du zum Schluss ein Bild sehen.

Wie fand Stachel die Pralinen der Pralinenzwerge? ▸ schrecklich (2) ▸ fürchterlich (3)	**Xäver wurde rot vor** ▸ Verlegenheit. (3) ▸ Wut. (2)	**Was wollte Xäver Stachel geben?** ▸ die schlechtesten Pralinen (5) ▸ die besten Pralinen (1)
Was wünschte sich Stachel? ▸ Pralinen (9) ▸ Schokoladenkuchen (4)	**Was wurde Stachel im Honigkuchenland?** ▸ König (1) ▸ Einwohner (6)	**Wem wollte Stachel seine Erlebnisse berichten?** ▸ der alten Dame (5) ▸ einem Reporter (4)

2. Suche dir einen Partner. Entscheidet, wer Stachel und die alte Dame spielen möchte. Überlegt euch, was Stachel bei seiner Rückkehr der alten Dame erzählen könnte und was sie fragt oder antwortet.

☞ *Spielt das Gespräch euren Klassenkameraden vor.*
Heftet eure Arbeitsblätter in eure Stachel-Ordner.